나를 향해 웃을 수 있다면
어른이 된 거야

Eine Linie ist ein Punkt, der spazieren geht
by Verena Friederike Hasel

나를 향해 웃을 수 있다면
어른이 된 거야

사춘기 인문감수성을 길러주는 39가지 이야기

베레나 프리데리케 하젤 지음

서지희 옮김

생각
학교

유노 펠리시아에게

목차

여러분은 농구를 하고, 춤을 추고, 스케이트를 타고, 페널티 킥을 막거나, 연극부에 가입해 활동하기도 합니다. 바이올린을 조율할 수 있고, 피아노로 장음계를 연주할 줄 알죠. 또 영어를 배우고, 약분 문제를 어렵지 않게 풀며, 피카소의 그림들을 알아볼 수 있고, 완벽한 셀피를 찍는 방법도 압니다. (카카오톡 메시지를 확인하고도, 안 읽은 듯 숨길 수 있는 건 기본이고요.)

그런데,

나비의 날개가 팔랑일 때 어떤 소리가 나는지 아나요?
홍해에 심장이 있다는 건요?
제왕나비들이 어떻게 멕시코를 찾아가는지 아나요?
온 세상을 여러분의 집으로 만드는 방법은요?
진짜 미소와 가짜 미소를 구분할 수 있나요?
이 모든 것이 이 책에 담겨 있습니다. 이 책은 여러분에게 행운을 가져다줄 거예요. 또 학교에서 가르쳐주지 않는 모든 것을 알려줄 거예요. 예를 들면 화를 내는 방법 같은 것들요. 암호어를 만들거나 사과로 개구리를 조각하는 법, 그리고 기적을 일으키는 방법도요!

좋은 의미가 담긴 일본어 단어가 있습니다. '삶의 보람' '삶의 가치'를 뜻하는 '이키가이'가 바로 그것이죠. 이키가이는 중대한 목표일 수도 있고, 일상의 소소한 기쁨들일 수도 있어요. 나는 여러분의 삶을 이키가이, 즉 크고 작은 기적들로 채워가는 데 도움될 만한 이야기와 과제들을 이 책에 모아두었습니다. 책은 39장으로 이루어져 있는데, 각 장당 1~2주쯤 시간을 들인다면 1년 내내 활용할 수 있을 거예요.

"선이란 점이 떠나는 산책"이라고, 화가 파울 클레Paul Klee 는 말했습니다. 아마 여러분의 수학 선생님은 동의하지 않을 테지만, 나는 파울 클레의 말이 맞다고 생각합니다. 점이 산책을 떠나면 하나의 선, 즉 길이 생기듯이 여러분도 영혼을 산책시키고 상상을 따라가다 보면, 심장이 공중제비를 돌 만큼 신나게 뛸 거예요. 확신을 갖고 길을 갈 수 있을 거예요.

– 베레나 프리데리케 하젤 –

이 책은 세계 곳곳에 숨어 있는 놀랍고 재미있고 신비한, 그리고 생각의 허를 찌르는 39가지 이야기로 구성되어 있어요. '들어가며'를 먼저 읽은 친구들은 좀 이상한 점을 눈치챘을 거예요. 저자는 책을 1년 동안 활용해보라고 당부하고 있거든요.

'고작 39가지 짧은 이야기뿐인데 1년 동안 어떻게 활용하라는 거지?'

하지만 걱정할 필요 없어요! 이 책은 달달 외워야 하는 지식 모음집이 아니에요. 이야기 하나마다 이어지는 3~4개의 질문에 답을 적어보면 되는 거랍니다. 이 책의 진정한 묘미는 이 엉뚱하고도 깊이 있는 질문들이랍니다. 인터넷 검색이 필요한 질문부터 퀴즈, 가족이나 친구들에게 물어서 답을 얻어야 하는 질문까지. 이런 다양한 질문에 답하기 위한 고민의 시간 속에서 '생각하는 힘'이 길러질 거예요. 단단해진 생각 근력은 청소

년기를 지나 어른이 되어서도 세상을 당당하게 마주하며 살아갈 힘이 되어줄 거고요. 거창하게 책 활용법이라고 이름을 붙여놓았지만, 여러분에게 당부하고 싶은 건 단 하나예요.

바로, 자유롭게 읽을 것!

'내가 쓰고 싶은 답에 비해, 붙이고 싶은 사진에 비해 칸이 너무 작은데 어떡하지?' 고민될 때는 나만의 생각 노트를 마련해 꾸며보세요(노트에 이름을 붙여주어도 좋아요). 물론 막히는 부분이 있으며 과감하게 건너뛰어도, 하나의 질문으로 일주일 혹은 한 달 내내 생각한다 해도 아무 문제 없답니다. 읽는 순서가 뒤죽박죽이어도 전혀 상관없고요.

자, 이제 여러분만의 속도와 취향으로 세상에 하나뿐인 '나만의 책'을 만들어볼까요?

– 생각학교 편집팀 –

1부

생각을 따라가지 말고
생각을 이끌어봐

아무도 몰랐던 44억 원짜리 연주

- 생각을 생각하다 -

춥고 습한 1월의 어느 아침, 워싱턴에서 있었던 일입니다.

지하철에서 내린 한 청년이 쓰레기통 옆에 자리를 잡더니, 바이올린을 켜기 시작했어요. 그는 야구 모자를 푹 눌러쓴 채 연주를 했죠. 바닥에 놓인 바이올린 케이스에는 동전 몇 개가 들어 있었어요. 그는 동전이 더 많아지길 바랐지만, 별 소득은 없었답니다. 여섯 곡을 연주하는 동안, 그 앞을 지나간 수많은 사람들 중 잠시 발길을 멈춘 이는 일곱 명뿐이었거든요. 45분쯤 뒤 그가 연주를 마쳤을 때, 케이스에 모인 돈은 30유로(약 4만 원)도 채 되지 않았습니다.

청년이 야구 모자를 쓴 데는 이유가 있었습니다. 사람들이 자신을 알아볼 수 없기를 바랐거든요. 사실 2007년 1월 워싱턴 랑팡플라자역 근처에서 바이올린을 연주한 청년은 평범한 거리 예술가가 아니었어요. 그는 세계에서 가장 유명한 바이올리니스트 중 한 명인 조슈아 벨Joshua Bell이었죠. 그가 연주한 악기는 진품 '스트라디바리우스'로, 그 가치가 300만 유로(약 44억 원)에 달했습니다. 불과 이틀 전에 열렸던 벨의 연주회 입장권은 좌석당 80유로(약 11만 원)가 넘었죠.

벨은 사람들이 자신이 누군지 모르는 상태에서도 연주에 반응해줄지 알아보고 싶었습니다. 아름다운 음악에 감동한 사람들이 너무 많이 몰려오면 어쩌지, 걱정하기도 했죠. 그는 첫 곡으로 요한 제바스티안 바흐Johann Sebastian Bach의 〈샤콘〉을 택했어요. 요하네스 브람스Johannes Brahms가 "만약 내가 그런 멋진 곡을 작곡했다면 미쳐버렸을 것"이라고 말했을 만큼, 연주하기가 매우 어려운 곡이죠. 여러 감정들이 동시에 표현되기 때문이에요. 벨은 깊은 슬픔과 그리움을 절절히 묘사하는 것은 물론, 빠른 춤곡에서 나타나는 음의 떨림까지 완벽하게 연주했습니다. 이틀 전 공연 때보다 더 혼신의 힘을 기울였죠.

그러나 지하철로 향하는 사람들의 귀에는 그의 음악이 들리지 않았습니다. 모두 서둘러 길을 가거나 핸드폰을 들여다보기 바빴어요. 심지어 어떤 이들은 일부러 벨의 바이올린 소리보다 더 큰 소리로 통화를 하기도 했어요. 그들은 그 마법 같은 순간을 허무하게 놓쳐버린 겁니다. 어떻게 그런 일이 일어났을까요?

때때로 우리는 실제로 벌어지는 일이 아니라, 우리가 기대하는 것만을 인식하곤 해요. 미술관의 그림처럼 액자에 담긴 아름다움이나, 우리가 잘 아는 유명한 것들의 특별함은 쉽게 알아차리죠. 하지만 춥고 습한 겨울 아침, 예기치 않게 일상에 등장한 아름다움과 특별함은 제대로 알아보지 못하는 거예요.

여러분은 어떤 생각이 드나요? 우리가 느낄 수 있고 찾을 수 있는 행복들을, 틀에 갇힌 시선과 생각 속에 한정하고 있는 것은 아닐까요?

TASK

1. "바흐는 작은 시내(Bach는 독일어로 '시내'라는 뜻을 담고 있다―옮긴이)가 아니라 큰 바다다!" 베토벤은 바흐에 대해 이렇게 썼습니다. 바흐의 넓고 깊은 음악 세계를 경험하고 싶다면, 딱 15분만 소파에 앉아 그의 〈샤콘〉을 들어보아요. (음반이 없다고요? 유튜브가 있잖아요!) 그리고 나만의 느낌을 100자 평으로 남겨보아요.

100자 평 :

_____

_____

_____

2. 학자들은 사람들이 일주일 중 가장 행복해하는 시점을 알아냈어요.
   바로 토요일 오후 7시 26분이었죠. 지난 토요일 오후 7시 26분에 여
   러분은 무엇을 했나요?

_____

_____

_____

3. 행복한 순간을 저축할 수 있다는 사실을 알고 있나요? 뚜껑이 있는
   유리병만 있으면 됩니다. 특별한 순간을 경험할 때마다 작은 쪽지
   에 그 경험을 적은 후 병에 넣어보세요. 그리고 1년 뒤 그동안 모았
   던 쪽지들을 꺼내, 행복했던 순간들을 다시 읽어보세요(중간에 기분
   전환이 필요할 때마다 열어봐도 좋습니다). 지금 쪽지에 적고 싶은 내

용을 여기에 기록해보세요.

_____

_____

_____

BREAK ——————————————— 알고 있나요?

약 8년 뒤 조슈아 벨은 지하철역에서 다시 한번 연주를 했습니다. 이번에는 야구 모자를 쓰는 대신 단정한 셔츠를 입었고, 보면대와 마이크를 설치했으며, 멋지게 차려입은 다른 연주자들이 그를 둘러싸고 있었죠. 그러자 아주 많은 사람들이 그 앞에서 발걸음을 멈추고, 음악에 귀를 기울였답니다.

물총새보다 음성 메시지가
더 중요할까

- 세상에는 사라지는 이름들이 있다 -

도토리.

아무도 여러분의 이름을 모른다고 상상해보아요.

수달.

아무도 여러분을 부를 수 없다고.

물총새.

그래서 여러분이 없어져도 찾을 수 없다고.

미나리아재비.

아무도 "대체 ○○은(는) 어디 있는 거야?"라고 말할 수 없다고.

산딸기.

아무도 여러분이 보고 싶다고 말할 수 없다고 생각해보아요.

당연히 그럴 일은 없습니다. 여러분은 '이름'을 가진, 중요한 존재니까요. 하지만 도토리, 수달, 물총새, 미나리아재비, 산딸기는 별로 중요하지 않은 것 같습니다. 세계에서 가장 유명한 대학이 있는 영국의 도시 옥스퍼드에서는, 매년 중요한 단어들을 담은《옥스퍼드 주니어 사전》을 펴내요. 사전에는 사랑, 껌, 필통, 자매, 복통, 트램펄린 같은 단어들이 실리죠.

여기에 새로운 단어들이 계속 추가됩니다. 예를 들면 채팅방, 음성 메시지, 블로그 같은.

또 매년 사전에서 사라지는 단어들도 있습니다. 그중에는 앞서 말했던 도토리, 수달, 미나리아재비 등도 있고, 목초지, 양치식물, 너도밤나무, 버드나무 꽃송이, 까치, 까마귀, 이끼 등도 있죠.

사라져가는 자연이 다른 새로운 것들에 자리를 비켜주어야 하기 때문일 거예요.

하지만 음성 메시지가 정말 까치의 울음소리보다 더 중요할까요?

여러분은 마지막으로 산딸기를 따본 게 언제였나요?

버드나무 꽃송이가 얼마나 보드라운지 (그리고 자꾸만 그것을 콧속에 살짝 넣어보고 싶은 생각이 들었던 것을) 기억하나요?

또 물총새가 어떻게 생겼는지 알고 있나요?

그리고,

내 이름이, 내가 사라진다면 어떤 기분일까요?

TASK ───────────────────────────────────

1. 지금은 쓰지 않는, 사라진 말들을 적어보세요. 부모님이나 선생님,
   나이 드신 분들에게 물어보면 빨리 찾을 수 있을 거예요. 사전을 이
   용하거나 인터넷 검색을 해봐도 좋아요. 이름을 알기 전과 후, 마음
   이나 생각에 차이가 있나요? 그렇다면 어떤 차이가 있는지 적어보
   세요.

2. 우리가 먹는 빨갛고 동글동글한 딸기는 200여 년 전 인위적으로 만들어진 거랍니다. 프랑스 식물학자 프레지에가 칠레에서 수집한 야생 딸기(산딸기)가 그 시초예요. (참고로 프레지에는 칠레에 정보를 수집하러 간 스파이로, 가짜 식물학자였다고 해요.)

현재 야생 딸기는 전 세계적으로 멸종 위기에 처해 있습니다. 야생 딸기를 생각하면서 딸기 스무디를 만들어봐요.

· 딸기 250g

· 잘 익은 바나나 1개

· 플레인 요구르트

· 우유 200㎖

바나나는 껍질을 벗겨 얇게 자릅니다. 자른 바나나, 딸기, 요구르트, 우유를 믹서에 넣고 부드럽게 갈아줍니다. 취향에 따라 꿀이나 갈색 설탕을 조금 넣어도 좋아요.

또 어떤 과일로 스무디를 만들 수 있을까요? 여러분만의 레시피를 아래에 적어보세요.

3. 숲이나 공원, 정원에서 다음과 같은 주제로 자연물 찾기 놀이를 해 보세요.

- 빨간색인 것 :

- 노란색인 것 :

- 세 가지 색인 것 :

- 톱니 모양인 것 :

- 여러분보다 큰 것 :

- 반짝이는 것 :

- 여러분을 웃게 만드는 것 :

- 부드러운 것 :

- 솔로 쓸 수 있는 것 :

- 소리가 나는 것 :

- 갉아 먹은 자국이 있는 것 :

- 간직하고 싶은 것 :

BREAK ——————————————— 알고 있나요?

찌르레기, 갈까마귀, 어치 같은 새들은 핸드폰 벨 소리를 따라 지저귀 곤 하는데, 너무 잘 따라 하는 바람에 전문가들조차 새소리와 벨 소리 를 구분하기 힘들다고 합니다.

마틸다처럼 입기의 날

- 선택의 가짓수가 많을수록 행복할까 -

뉴욕의 한 대형 광고 회사에서 일하는 마틸다 칼Matilda Kahl은 하필 중요한 회의가 있는 날 지각하고 말았습니다. 어떤 옷을 입을지 한참을 고민하다 집을 나서는 바람에 지하철을 놓친 것이죠. (게다가 겨우 골라 입고 나온 옷은 전혀 마음에 들지 않았어요.)

도대체 왜 항상 이렇게 힘든 걸까요? 회사에 반드시 지켜야 할 복장 규정이 있는 것도 아니었습니다. 오히려 반대로, 그녀는 원하는 대로 무슨 옷이든 입을 수 있었죠. 선택지가 너무 많은 것, 어쩌면 바로 이 점이 문제였는지도 모르겠네요.

마틸다는 결단을 내렸습니다. 스스로 하나의 유니폼을 정해서 입기로요. 그래서 옷을 사러 갔죠. 매장을 잠시 둘러본 뒤 마음에 드는 흰 블라우스와 검은색 바지를 찾아낸 그녀는 블라우스 열다섯 벌, 바지 다섯 벌을 구입했습니다. 어린 시절 어머니가 머리에 리본을 묶어준 기억이 떠올라, 블라우스에 다는 리본으로 쓸 검은색 끈도 하나 샀죠.

흰 블라우스와 검은 바지, 그때부터 매일 그녀는 그렇게 입고 출근했습니다. 4년 동안이나요. 처음에는 사람들이 모두 당황스러워했습니다.

"무슨 내기라도 하는 거야? 종교 단체 같은 데 들어간 거야? 아니면 정신이 어떻게 된 거야? 대체 무슨 일이야?"

그러면 마틸다는 이렇게 대답했습니다.

"고민거리 하나가 줄어들면 얼마나 좋은지, 너희는 아직 모르지?"

마틸다를 이해했을 법한 사람이 한 명 있습니다. 미국의 전 대통령 버락 오바마Barack Obama는 어느 날 회색 또는 남색 양복만 입기로 결심했습니다. 직책상 중요한 결정을 내릴 일이 너무도 많았던 그는, 그리 중요하지 않은 결정들은 과감히 생략하기로 마음먹은 것이죠.

물론 결정을 내린다는 것은 멋진 일입니다. 그것은 자유를

상징하죠. 하지만 동시에 굉장히 피곤한 일이기도 합니다. 서른 가지 잼 중 하나를 골라야 했던 사람은, 여섯 가지 중에서 택해야 했던 사람보다 만족감이 덜했다는 연구 결과도 있어요.

포모Fomo, Fear of missing out 증후군을 들어봤나요? 이는 뒤처지거나 소외되는 것에 대한 두려움을 말해요. 즉 좋은 결정을 내리지 못할 수 있다는 불안, 잘못된 것을 고를지도 모른다는 걱정이 사람들을 힘들게 한 거죠. 어쩌면 잼처럼 전혀 중요하다고 볼 수 없는 것에 대해 너무 오래 고민하는 일이 기분 나빴을 수도 있고요.

마틸다는 불필요한 결정에서 해방되었습니다. 그리고 그녀의 동료들도 그것이 얼마나 좋은지 깨닫게 되었습니다. 그들은 '마틸다처럼 입기의 날'을 선포하고, 그날에는 다 같이 흰색 셔츠, 검은색 바지와 리본 차림으로 출근하게 되었답니다.

TASK ————————————————————————

1. 일주일 동안 매일, 더 이상 필요하지 않은 물건들을 다른 사람들에게 나눠주세요. 그 물건은 무엇이었으며, 그렇게 하고 나니 어떤 기

분이 들었나요?

_____

_____

_____

_____

_____

_____

2. 주사위 도면을 검색해 결정 주사위를 만들어보세요. 주사위를 구성
   하는 각 면에는 1부터 6까지의 숫자 대신, 세 면에는 '네', 나머지 세
   면에는 '아니요'라고 적습니다. 그리고 결정을 내려야 하는 순간이
   올 때마다, 주사위를 던져 답을 얻는 것이죠. 주사위는 어떤 답을 내
   놓았나요?

3. 나만의 일상 루틴을 만들어보세요. 온전히 나만의 생각과 리듬에
   맞게 만들어낸 루틴은, 포모 증후군의 불안감에서도 벗어나게 해줄
   거예요.

성이 자음 'ㅎ'으로 시작하는 사람들은 'ㄱ'으로 시작하는 사람들보다 물건을 더 빨리 사는 경향이 있습니다. 이는 어려서부터 자기 이름이 불릴 때까지 기다린 경험이 많아서일지도 몰라요. 서두르지 않으면 자기 것이 남아 있지 않을까 봐 불안한 거죠.

센티널섬 사람들이 화가 난 이유

- 선의와 거절에 대하여 -

우리는 그들을 '센티널인'이라 부르지만, 그들이 스스로를 어떻게 부르는지는 모릅니다. 우리는 그들의 언어도 습관도 모르고, 그들의 정확한 수가 50명인지 500명인지조차 알지 못합니다. 그저 인도양에 있는, 북센티널섬이라 불리는 작은 섬(아마 여러분은 지도를 찾아보고 싶을 거예요)에 산다는 사실만을 알 뿐입니다. 처음에는 영국인들이, 나중에는 인도인들이 그 섬을 자기네 땅이라고 주장했습니다. 영국인들과 인도인들 모두, 센티널섬에 사는 사람들에게는 의견을 물어볼 생각조차 하지 않고 말이죠.

1880년 어느 난폭한 영국인 장교가 여섯 명의 센티널인을 다른 섬으로 납치했습니다. 안타깝게도 그중 두 명은 숨을 거두고 말았어요. 영국인들은 남은 네 명을 섬에 그대로 둔 채 떠났습니다. 아마 그들 역시 얼마 살지 못했을 겁니다. 그때부터 센티널인들은 외부인을 불신하고 배척했습니다. 한번은 어떤 남자가 직접 만든 배를 타고 그 섬으로 갔다가 목숨을 잃은 일도 있었어요.

인도의 몇몇 학자들은 플라스틱 장난감과 코코넛을 북센티널섬에 가져가 센티널인과 친해져보려고 했어요. 센티널인들은 플라스틱 장난감은 즉시 모래에 묻어버렸지만, 코코넛은 좋아하는 듯했죠. 그래서 학자들은 코코넛을 가지고 또다시 그곳을 찾았습니다. 그러나 그들이 머무르는 시간이 길어지자, 센티널인들은 무기를 휘두르며 위협했어요.

센티널인들은 전화기나 텔레비전, 컴퓨터는 물론이고 제대로 된 집도 가지고 있지 않습니다. 하지만 그들은 카누를 만들 줄 알고, 활과 화살로 사냥을 할 수 있으며, 자연에 대해서라면 훤히 꿰뚫고 있어요.

2004년 인도양에 쓰나미(지진해일)가 덮쳤습니다. 이 거대한 파도는 20만 명이 넘는 사람들의 목숨을 앗아갔죠. 그중에는 곧 다시 밀려올 파도를 전혀 의식하지 못한 채, 핸드폰으로 파도가 밀려가는 모습을 신나게 촬영하던 관광객들도 있었습니다.

쓰나미가 일어나고 이틀 뒤, 헬리콥터 한 대가 북센티널섬 위로 날아왔습니다. 센티널인들을 돕고 생존자들을 구조하기 위해서였죠. 궁핍하고 문명화되지 않은 센티널인들이 쓰나미의 타격을 크게 입었을 거라 생각했거든요. 하지만 예상과는 다르게 그들이 마주한 건, 화를 내며 헬리콥터에 화살을 쏘아대는 한 센티널인이었죠.

그러니까, 그들은 그대로도 괜찮았던 거예요.

우리는 우리 자신 외에는 그 어떤 것도 보호하려고 할 필요가 없을지도 몰라요. 선의善意가 언제나 좋은 것만은 아니에요. 상대가 무엇을 원하는지, 어떻게 다가가는 게 좋을지를 살피고 고민하는 마음에서, 진짜 선의가 시작되는 거랍니다.

TASK ─────────────────────────────

1. 우리는 나의 거절 의사를 상대에게 표현할 줄 알아야 해요. 마찬가

지로 상대의 거절 표시도 이해하고 존중할 줄 알아야 합니다. 거절의 표현을 최대한 많은 언어로 알아두도록 해요.

- 슈토프 Stopp! (독일어)
- 미사 케 Misa ke! (줄루어)
- 스톱 Stop! (영어)
- 로페타 Lopettaa! (핀란드어)
- 아레테 Arrête! (프랑스어)
- 슬루타 Sluta! (스웨덴어)
- 두르 Dur! (튀르키예어)
- 타오피 Taofi! (사모아어)
- 자트시마이 Zatrzymai! (폴란드어)
- 파르 Pare! (포르투갈어)
- 파라 Para! (스페인어)
- 헨티칸 Hentikan! (인도네시아어)

2. 거절의 단어를 알았다면, 이제 실제로 거절하는 연습을 해볼까요? 이 게임을 하려면 형제자매나 친구와 같은 상대가 필요합니다. 둘이 마주 서서 눈을 바라보며 부탁하는 거예요.

"제발, 제발, 그거 내가 진짜 원하는 거야. 부디 허락해줘…"

뭘 원하는지는 말하지 말고, 그냥 정말 중요한 일인 것처럼 들어달라고만 간절히 부탁합니다. 이때 상대는 흔들리지 않고 아주 단호하게 계속 "싫어"라고 대답해야 해요. 그런 다음에는 역할을 서로 바꿔봅니다. 웃지 않고 심각하게 말하는 게 중요해요.

이 연습을 하고 난 뒤의 느낌을 아래에 적어보세요. 부탁을 거절하는 것이 어려웠나요? 아니면 부탁을 하는 것이 더 어려웠나요?

_____

_____

_____

_____

_____

3. 하루에 "네"와 "아니요"라는 말을 하는 횟수를 바를 정(正) 자로 표시해보세요. 둘 중 어떤 말을 더 자주 하며, 그 말들을 반대의 의미로 썼을 때는 언제인가요?

_____

_____

_____

_____

_____

"아니"는 아이들이 가장 먼저 배우는 말 중 하나입니다. 형(오빠)이나

누나(언니)가 있을 때는 더욱더….

동전 던지기의 함정

- 우리는 모두 기울어진 존재다 -

동전을 세 번 던졌는데 전부 앞면이 나왔다면, 네 번째 던졌을 때 뒷면이 나올 확률은 얼마일까요?

별생각 없이 고른 단어의 첫 글자가 R일 확률과 세 번째 글자가 R일 확률 중 어느 쪽이 더 높을까요?

대부분의 사람들은 네 번째로 동전을 던졌을 때는 뒷면이 나올 확률이 높고, 단어의 첫 글자가 R일 확률이 더 높다고 생각합니다.

둘 다 틀렸어요.

여러분도 틀렸다고요? 그래도 괜찮습니다. 다들 그러니까요. 우리는 특정한 의미나 맥락이 없는 상황에서도, 어떻게든 그런 것들을 찾아내려고 합니다.

동전이 세 번 연속 앞면을 보여주었다는 이유만으로, 네 번째에는 뒷면을 보여주어야 하나요? 동전은 지금까지 자기가 어떻게 던져졌는지 알 리도 없고, 무엇이 공평한지 상관하지도 않아요. 네 번째에 뒷면이 나올 확률은 그대로 50퍼센트인 거죠.

또 우리는 종종 우리가 편한 대로 생각하는 사고의 오류를 범합니다. 대부분 R로 시작하는 단어들(Rasen잔디, Reifen타이어, Rotz콧물)이 먼저 떠오르기 때문에, 첫 글자가 R일 확률이 높다고 결론을 짓는 거죠. 그러나 조금만 더 생각하면 세 번째 글자가 R인 단어들도 많습니다(Verkehr교통, Gerät도구, Morast진흙).

대부분의 사람들은 중요한 문제에 대해 스스로 정확히 고민하고 합리적인 결정을 내린다고 믿습니다. 하지만 실제로는 확률을 잘못 가늠하고, 우연에 이끌리는 경향이 있어요.

예를 들어볼까요? 유엔UN에 속하는 아프리카 국가가 몇 개인지 사람들에게 질문했습니다. 그리고 대답을 하기 전에 룰렛을 돌리게 했죠. 그 결과 사람들은 룰렛이 큰 수에 멈췄을 때보다 작은 수에 멈췄을 때, 유엔에 가입한 아프리카 국가의 수를 더 적게 대답했습니다.

당연히 룰렛과 유엔은 아무런 관계가 없죠. 그런데 사람들은 제대로 고민하기보다는 어딘가에 기대어 생각의 기준을 찾으려고 하는 거예요.

듣기 불편하다고요?

그럴 필요 없어요. 우리 모두가 그러니까요. 다른 사람들과는 달리 여러분은 이제 그 사실을 알고 있으니, 그나마 다행이죠!

TASK

1. 야구방망이와 공이 하나씩 있습니다. 둘이 합쳐 1500원이고 방망이가 공보다 1000원 더 비싸다면, 공은 얼마일까요? (주의: 공의 가격은 500원이 아닙니다. 답은 243쪽)

2. 쪽지에 몇백만에 해당하는 수(100만, 200만, 300만)를 적어 친구에게 줍니다. 또 다른 친구에게는 몇천만이 넘는 수(5000만, 5100만, 5200만)를 적어줍니다. 그런 다음 둘에게 베네수엘라의 인구수가 얼마나 될 것 같으냐고 물어봅니다(정답: 약 2900만). 결과는 어땠나요? (보통 큰 수를 본 사람이 베네수엘라의 인구수를 더 많게 대답합니다.)

_____

_____

_____

_____

_____

BREAK ─────────────────────── 알고 있나요?

사람은 나쁜 일을 좋은 일보다 더 강하게 의식하는 경향이 있어서, '5 대 1 법칙'이라는 것이 통용됩니다. 이는 어떤 사람이 한 번 약속 시간에 늦었다면, 다음 다섯 번의 약속 시간을 정확히 지켜야, 다른 사람들이 그가 매번 지각한다는 생각을 지울 수 있다는 말이에요.

아픈 토끼에서 시작한
해리 포터 이야기

- 완벽한 시작은 어디에도 없다 -

그녀가 처음 쓴 이야기는 '토끼'라는 이름의 토끼에 관한 것이었습니다. 하루는 토끼가 병에 걸려 친구인 벌이 병문안을 왔죠. 세 번의 기회를 줄 테니 그 벌의 이름을 맞혀보아요. 그 이름은…?

맞아요, '벌'입니다. 그다지 창의적이지는 않죠. 하지만 뭐 어떤가요. 처음에는 다들 그렇게 시작하기 마련인걸요. 게다가 글쓴이는 겨우 여섯 살이었습니다. 아직 어리지만 한 가지는 분명히 알고 있었죠. 바로 평생 글을 쓰고 싶다는 것. 아픈 토끼와, 그 토끼를 찾아오는 벌 친구에 관한 이야기 말고도 많은 글들을 말이에요.

그녀의 부모는 반대했습니다. 책을 쓰다니, 안 될 말이라면서
요. 글쓰기로는 결코 먹고살 수 없다고 했습니다. 그러니 부디
돈을 벌 수 있는 직업을 고르라고요. 그래서 그녀는 비서가 되었
어요. 하지만 늘 새로운 이야기의 아이디어들을 끄적이느라 회
의에 집중하지 못하다 보니, 일을 제대로 힐 수가 없었습니다.

그녀는 포르투갈로 떠났고, 그곳에서 한 남자와 사랑에 빠져
딸을 낳았습니다. 하지만 둘은 곧 헤어졌고, 그녀는 딸을 데리
고 스코틀랜드의 에든버러로 이사했죠. 힘든 시기가 시작되었
어요. 그녀는 홀로 돌봐야 할 아이가 있었지만, 직업도 돈도 없
었습니다. 자신이 인생의 실패자 같았다고, 후에 그녀는 말했
죠. 그녀는 자주 우울하고 풀이 죽었으며, 당장 다음 주에는 또
어떻게 버텨야 할지 늘 고민이었습니다.

하지만 그런 상황에서도 이야기를 쓰고자 하는 그녀의 바람
은 더욱 커져갔습니다. 낮에 딸이 유모차에서 잠들면 그녀는
카페나 펍에 앉아 글을 썼어요. 어느 날 갑자기 자신에게 마력
이 있다는 사실을 알게 된 소년에 관한 이야기였죠.

그렇게 5년이 흐르는 동안 그 소년은 그녀의 상상력 안에서
수많은 경험을 했고, 처음에는 몇 쪽에 불과했던 이야기는 한
권의 책이 될 정도로 늘어났죠. 그녀는 원고를 모아 출판사에

찾아갔습니다. 하지만 결과는 좋지 않았죠. 열두 군데 출판사에서 모두 퇴짜를 놓았던 거예요. 다행히 열세 번째 출판사에서 그녀의 책을 출간하겠다고 했습니다. 하지만 한 가지 조건이 있었죠. 그녀의 이름을 그대로 쓰지 않기. 남자아이들은 여성이 쓴 책을 읽기를 꺼리는 경향이 있다는 이유에서였죠.

그래서 그녀는 자기 이름인 조앤Joanne의 이니셜에, 할머니 이름인 캐슬린Kathleen의 이니셜을 붙여서 쓰기로 했습니다.

J.K. 롤링J.K. Rowling.

그 뒤의 이야기는 여러분도 잘 알 거예요.

조앤이 여러 어려움 속에서도 포기하지 않고 써낸 《해리 포터》는 전 시대를 통틀어 가장 많이 팔린 책이 되었으며, 돈도 자신감도 없던 그녀는 큰 성공을 거두어 돈방석에 앉은 작가가 되었습니다.

《해리 포터》가 조앤 롤링의 목숨을 구했다고 말할 수도 있을 거예요. 아니, 글쓰기와 책에 대한 사랑과 열정이 그녀를 구했다고 하는 편이 맞겠네요. 게다가 《해리 포터》는 전 세계 수많은 아이들과 어른들에게 꿈과 희망, 나아가 삶의 힘을 불어넣어주었으니 그 이상의 역할을 했다고 말할 수도 있을 거고요.

이처럼 책은 엄청난 일들을 해냅니다. 주위에 아무도 없을 때 친구가 되어주거나, 다른 삶에 대한 경험을 통해 깨달음을 주는 것처럼 말이에요.

1. 친구들과 독서 클럽을 만들어보세요. 재미있게 읽은 책을 서로 빌려주고, 각자 좋아하는 책 속 등장인물들처럼 차려입고 책 파티를 열어보세요. 그리고 여기에 여러분의 사진을 붙여보세요.

2. 여러분이 좋아하는 책의 저자에게 편지를 써서 궁금한 점들을 물어보세요. 예를 들면 '주인공의 이름은 어떻게 지었나요?' '다음 편도 나오나요?' '처음에는 주변 사람들이 작가가 되는 것을 반대했나요?'와 같은 것들을요. 책에 나와 있는 출판사 주소로 편지를 보내요. 편지에는 뭐라고 썼나요?

_____

_____

_____

_____

_____

3. 《해리 포터》는 전 세계인의 사랑을 받은 작품으로, 소위 '대성공을
   거둔' 책이죠. 《해리 포터》를 쓴 조앤도 성공한 작가이긴 마찬가지
   고요. 여러분이 생각하는 '성공'이란 무엇인가요? 《해리 포터》를 집
   필하던 시절 조앤의 삶은 성공하지 못했다고 말해야 할까요?

_____

_____

_____

_____

_____

_____

세상에는 진짜 '해리 포터'라는 이름을 가진 사람들이 있습니다. 그들 중 한 명은, 학교에서 선생님이 처음으로 자기 이름을 불렀을 때 반 전체가 쥐 죽은 듯 조용해졌다가 곧 다들 속닥거리는 것을 경험했다고 해요. 영화 〈해리 포터와 마법사의 돌〉의 첫 부분에서 그랬던 것처럼요. 또 다른 한 명은, 자기 이름을 밝혔을 때 간혹 장난치지 말라고 말하는 사람들이 있다고 전했어요. 그리고 실명이 해리 포터인 사람들 중에는 인터넷을 할 때 사기꾼처럼 보이지 않기 위해, 스칸디나비아어 표기법으로 'Harry Pøtter'라고 이름을 적는 경우도 있답니다.

죄송하지만 이제
사과는 그만해주시겠어요?

- 나를 낮추는 것이 언제나 옳은 것은 아니다 -

"혹시 지금까지 제 이야기가 읽을 만했나요? 여러분이 이 책을 꼭 읽어야 할 이유는 없어요. 단지 혹시 시간이 좀 있으면 읽으라고 쓴 것이니까요. 그래도 여러분한테 방해가 되긴 하겠죠. 이런, 그렇게 생각하니까 내 마음이 정말 불편하네요. 너무 미안해요. 이 책이 마음에 들지 않으면 얼른 책을 덮어버리고, 나를 용서해줘요."

자, 지금 내가 한 말이 어떻게 들리나요?

이건 지나친 사과를 아주 잘 보여주는 예입니다.

이런 경우들을 알고 있나요?

여러분은 누군가가 한 말을 바로 알아듣지 못했을 때나, 식당에서 뭔가를 부탁할 때 사과를 하나요? "이런 말씀을 드려 죄송한데 한 번만 더 말씀해주시겠어요?" "죄송한데 포크 하나만 더 주시겠어요?"와 같은 문장들이 자연스럽게 나오나요? 그렇다면 여러분은 지나친 사과를 하고 있는 거예요.

대부분 여자일 가능성이 높은데(그리고 여기서는 "남자들에게는 미안합니다" 같은 말은 하지 않을 거예요), 이는 아직도 여자들이 자라면서 '내가 뭔가 잘못한 게 아닐까' 하는 의심을 품도록 교육받기 때문입니다.

사과가 필요할 상황에서 사과를 하는 것은 당연히 좋은 일입니다. 하지만 아무 이유 없이 지나친 사과를 하는 일은 피해야 해요. 그것은 여러분 자신을 낮추는 일이기 때문입니다.

여러분을 낮추는 말들은 또 있습니다. 예를 들면 '그저' 같은 말이죠. "내가 말하려던 건 그저…"와 같은 표현은 잘못된 것입니다. 여러분이 하려는 말은 '그저'라는 말을 붙일 수 없을 정도로 중요하니까요.

'잠깐'이라는 말도 그렇습니다. 왜 여러분이 길고 상세하게 말하면 안 되죠?

"이게 맞는지는 모르겠지만…" 역시 자신을 낮추는 말입니다.

정말 맞는지 모르겠다면, 애초에 그 말을 꺼내지도 않았겠죠.

다음은 여러분이 원칙적으로 사과를 하지 않아도 되는 상황들입니다.

· 이겼을 때

· 뭔가를 이해하지 못했을 때

· 눈물이 날 때

· 뭔가가 여러분을 화나게 만들었을 때

· 뭔가를 잘했을 때

· 뭔가를 잘하지 못했을 때

· 시간이 더 필요할 때

TASK ─────────────────────────────────

1. 오늘 하루 동안 사과를 하지 말아보세요(사과가 필요한 순간들에 대해서는 다음 장에서 이야기할 거예요). 어떤 상황에서 사과를 하지 않기가 가장 힘들었나요?

2. 앞으로 며칠 동안 사과할 경우가 있을 때, 다른 적당한 말로 바꿀 수 있는지를 먼저 생각해보세요. 예를 들어 친구에게 여러분의 고민을 털어놓을 때 "말이 너무 많아서 미안해" 대신 "내 얘기에 귀 기울여줘서 고마워"라고 하는 식으로요. 여러분은 어떤 말들을 생각해 냈나요?

이메일을 쓸 때 '미안해'와 '그저' 같은 단어들에 빨간색 밑줄을 표시해,
그것들을 지울 수 있도록 해주는 프로그램도 있답니다.

오바마의 직진 사과법

- 진심, 마음을 녹이는 진정성의 힘 -

미국의 전 대통령 버락 오바마가 재임 시절 어느 공장을 방문했을 때의 일입니다. 회색 정장 차림의 그는 노동자들 앞에서 연설하던 중 이렇게 말했습니다.

"실무 교육을 받은 여러분이 어쩌면 미술사 학위를 받은 이들보다 더 나을 것입니다."

오바마가 전하고자 했던 것은 '공부를 못했어도 괜찮다, 당신들이 하는 일 역시 똑같이 중요하다'라는 메시지였죠.

그 자리에 있던 사람들은 당연히 그 말을 좋게 들었습니다. 하지만 앤 콜린스 존스Ann Collins Johns라는 여성은 그 얘기를 듣고는 화가 났어요. 그녀는 미술사 교수인지라, 버락 오바마가 그녀의 일을 비하했다는 인상을 받은 것이죠.

그래서 그녀는 백악관으로 이메일을 보냈습니다. 그저 화를 표출한 것일 뿐, 답장 같은 건 전혀 기대하지 않았죠. 그런데 2주도 지나지 않아 대통령이 직접 손으로 쓴 답장이 도착했습니다. "앤, 사과드립니다." 그 뒤에는 "미술사는 제가 가장 좋아했던 과목 중 하나이고, 삶의 많은 즐거움을 누릴 수 있게 해주었다"고 적혀 있었습니다.

우리가 이미 알다시피 버락 오바마는 대통령 시절에 옷차림을 고민할 시간도 없어, 회색과 남색 정장 딱 두 가지만 입을 만큼 너무나 바빴습니다. 하지만 앤 콜린스 존스를 위해 시간을 냈던 것이죠. 그녀의 기분을 상하게 했으니 사과를 했던 거예요.

그건 당연한 일입니다. 여러분이 누군가를 다치게 했거나, 무시했거나, 부당하게 대했다면 사과하세요. 또 그때에는 진심을 다해야 한다는 걸 명심하세요.

"내 의도는 그저…" "하지만 너도…" "그런데 내가 알았을 리가 없잖아…" 같이 얼버무리는 말들은 사과가 아니라 변명입니다. "그것 때문에 네가 화가 났다면 미안해"라는 말 역시 사과라고 할 수 없어요. 그런 말은 마치 상대방이 너무 예민하게 군다는 느낌을 주기 때문이죠. "오 이런, 내가 기분이 정말 안 좋아서 그랬던 거야"도 잘못된 사과입니다. 오히려 상대방이 여러분의 감정을 신경 쓰게 만들기 때문이에요.

사람들이 용서를 구할 때 자주 하는 말이 있죠.
"사과하고 싶어."
네, 그렇게 말하세요.
올바른 사과란 상대방의 눈을 쳐다보고, 상대방이 하는 말에 귀를 기울이고, 고개를 끄덕이며 "용서해줘"라고 말하는 것입니다. '만약에' '그렇지만' 같은 말도, 변명도 필요 없어요. 그냥 그 문장 하나면 됩니다. 그건 아마도 우리가 말하는 것 중에 가장 힘 있는 문장일 거예요. 우리의 초능력이죠.

TASK

1. 요즘 여러분은 누구한테, 왜 사과를 했나요? 또 어떻게 사과했나요? 변명으로 상황을 모면하려고만 하진 않았나요? 해명과 변명을 하지 않으니 어땠나요?

_____

_____

_____

_____

2. 이번엔 여러분이 사과를 받았던 기억을 돌이켜보아요. 어떤 사과
   가 가장 기억에 남나요? 누가, 어떻게 여러분에게 사과를 했나요?

_____

_____

_____

_____

BREAK ——————————————— 알고 있나요?

몇 년 전 일본의 철도 회사는 "승객 여러분께 불편을 드려 정말 죄송합

니다. 앞으로 다시는 이런 일이 일어나지 않도록 하겠습니다"라는 글

을 썼습니다. 뭔가 대단하고 극적인 글이죠. 무슨 일이 있었냐고요? 열

차가 25초 일찍 출발했을 뿐이랍니다.

달팽이를 화나게 해서 만든 색깔에 관한 이야기

- 세상을 바꾼 세 글자, 호기심 -

계단을 뛰어올라간 윌리엄은 다락방으로 들어가 문을 쾅 닫았습니다. 그는 가끔 가족들 때문에 정말 짜증이 났어요! 다들 왜 계속 그가 하는 일에 트집을 잡는 걸까요?

얼마 전 아버지는 그에게 형을 본받으라고 말했습니다. "형은 건축가라는 좋은 직업을 가졌는데 너는…." 아버지는 뒤를 이어 말할 필요가 없었습니다. 윌리엄은 어떤 말이 이어질지 다 알고 있었거든요. 윌리엄이 화학을 전공한다고 하자, 아버지는 경악했습니다. 도대체 그런 건 어디에 써먹을 거냐고 물으셨죠.

어머니도 대놓고 불평을 했어요. 윌리엄이 실험에 쓸 황산을 찬장 안에, 양념 통들과 함께 넣어놓았기 때문이죠. "우리를 다 중독시킬 작정이니?"라고 어머니가 묻자, 그의 누나는 킥킥 웃으며 언젠가는 분명 그가 중요한 발명을 할 거라고 했습니다. 하지만 그건 진심이 아니라 그를 놀리기 위한 말이었죠.

오늘날에는 여러분이 화학을 전공한다고 하면, 부모님이 말리지 않을 거예요. 그러나 기분이 상한 윌리엄이 런던에 있는 다락방에 틀어박혔던 때는 1856년이었고, 당시에는 화학을 전공한다고 하면 정신 나간 사람 취급을 받을 정도였습니다. 세상에 존재하는 모든 것이 작은 입자들(소위 원자들)로 구성되어 있다는 사실이 이제 막 알려지고, 초기 화학자들이 돌과 같은 생명이 없는 물체들을 조심스레 연구하기 시작했던 시기였으니까요. 식물과 같이 생명이 있는 물체들은 신의 작품으로 여겨 연구하기조차 꺼렸죠.

하지만 윌리엄의 스승 호프만은 망설임이라는 걸 모르는 사람이었습니다. 그는 윌리엄에게 말라리아 치료제를 꼭 찾고 싶다고, 그러기 위해서라면 자연의 물질까지도 이용할 각오가 되어 있다고 말할 정도였죠.

말라리아는 모기 때문에 발병됩니다. 살짝만 물려도 끔찍한

증상을 겪게 되죠. 윌리엄이 살던 시대에는 말라리아에 걸리면 거의 죽음에 이르렀는데, 그 치료제가 기나수라는 나무뿐이었기 때문이에요. 안타깝게도 그 나무는 남아메리카에서만 자랐고, 약효가 있는 나무껍질을 운반하려면 시간도 오래 걸렸죠. 사기꾼들이 치료 효과가 전혀 없는 다른 껍질을 보내는 경우도 많았습니다.

그래서 윌리엄의 스승은 말라리아 치료 효과가 있는 기나수의 주요 성분을 실험실에서 만들고자 했던 거예요. 그 성분은 퀴닌이라고 하며, 화학식은 $C_{20}H_{24}N_2O_2$입니다. 복잡하게 보이지만, 모든 화학식이 요리 레시피와 비슷하다는 걸 알고 나면 이해가 쉬울 거예요. 즉 탄소(C) 20부분, 수소(H) 24부분, 질소(N) 2부분, 산소(O) 2부분이 있으면 퀴닌이 완성되는 것이죠(물론 화학자들은 '부분'이 아니라 '원자'라고 말합니다).

윌리엄은 스승의 지시에 따라 퀴닌을 만들어보기로 했습니다. 스승은 그 실험에 필요한 것도 알려주었는데, 그것은 바로 알릴톨루이딘이라는 물질이었어요. 알릴톨루이딘의 화학식은 $C_{10}H_{13}N$이에요. 퀴닌의 화학식과 비교하면 어떤 점이 눈에 띄나요? 알릴톨루이딘은 퀴닌의 딱 절반에 해당하는 탄소와 질소를 갖고 있습니다. 윌리엄이 그것을 두 배로 만들 수 있다면, 목표에 성큼 다가설 수 있었죠.

윌리엄은 가족한테 화난 마음을 잠시 가라앉히고 실험을 시작했습니다. 하지만 퀴닌은 흰색인 데 반해, 그가 실험에서 얻은 것은 끈적이는 검은색 덩어리였죠. 실험에 실패한 거예요. 그는 그 끈적이는 물질을 그냥 버릴 수도 있었지만, 그러지 않았습니다. 호기심이 생긴 윌리엄은 그게 무엇인지 알고 싶었습니다. 윌리엄과 같은 화학자들은 항상 물질들의 특성에 관심을 가지거든요. 예를 들면 온도가 몇 두여야 액체에서 기체로 바뀌는지, 그 물질이 물이나 알코올에 녹는지 등에 대해서요.

그래서 윌리엄은 끈적이는 물질에 알코올을 부었고, 곧 놀라서 눈이 휘둥그레졌습니다. 그 검고 끈적이는 덩어리가 알코올에 녹으면서, 유리병 안에서 빛이 나기 시작했던 거예요. 보라색, 그것도 아주 선명한 연보라색이었죠. '말도 안 돼.' 윌리엄은 두 눈을 꼭 감았다가 셋을 센 뒤 다시 떴어요. 여전히 보라색이었어요. 정말 충격이었죠.

요즘에는 천이나 종이 또는 머리를 염색하는 것이 일반적인 일입니다. 그러나 윌리엄이 살던 시대에는 천연 물질들밖에 없었기 때문에 염색이 아주 어려웠어요. 블랙베리로 회색을, 진딧물로 붉은색을 냈죠. 하지만 스웨터 하나를 염색하려고 진딧물들을 한 더미나 으깨야 한다고 생각해보세요.

가장 어려운 건 보라색이었습니다. 보라색 염료를 만들어내

는 건 너무 복잡하고 돈이 많이 드는 일이라, 보라색은 왕과 왕비의 색으로 여겨질 정도였죠. 보라색을 얻으려면 특정한 종류의 이끼를 으깨서 오줌에 담그거나, 바다달팽이의 점액을 이용해야 했습니다. 그런데 이 점액은 달팽이를 화나게 해야만 분비되는 것이었어요. 손수건 한 장을 염색하는 데 무려 1만 마리가 넘는, 화가 잔뜩 난 달팽이들의 점액이 필요했죠.

윌리엄은 조심스럽게 보라색에 헝겊을 담가보았습니다. 헝겊이 보랏빛으로 물들었습니다. 이번에는 검지손가락을 담갔습니다. 역시 보라색. 문을 열고 나가 계단을 뛰어내려간 윌리엄은 누나와 어머니 곁을 쏜살같이 지나, 옷장에서 누나의 실크 블라우스를 꺼냈습니다.

"야! 너 미쳤어? 손대지 마!"

누나가 외쳤어요. 하지만 윌리엄은 아무 대답 없이 다시 계단을 뛰어올라가, 그 블라우스를 유리병에 담갔습니다. 역시 보라색. 그를 따라 계단을 올라온 누나가 양손을 허리춤에 올리고 화를 내려던 찰나, 윌리엄은 블라우스를 내밀었고 누나는 더 이상 아무 말도 하지 못했습니다. 그냥 미소가 아니라 환한 웃음을 보이면서요. 그렇게 윌리엄의 누나는 공주도 아니면서 보라색 블라우스를 입은 최초의 여성이 되었답니다.

인류 최초로 보라색 합성 염료를 만든 사람, 바로 윌리엄 헨리 퍼킨William Henry Perkin이에요. 그때 그의 나이는 불과 열여 덟 살이었죠.

새로운 발명은 때론 실수, 우연과 함께 우릴 찾아오곤 하죠. 하지만 그 기저에는 항상 누군가의 깊은 호기심이 있었다는 사실을 잊지 마세요. 그 작은 호기심과 관찰이 큰 변화와 발견으로 이어졌다는 것을요.

TASK ————————————————————————

1. 윌리엄 헨리 퍼킨처럼 호기심을 따라간 또 다른 사람들의 이야기를 알고 있나요?

2. 아보카도를 좋아하나요? 아주 좋아요. 그럼 아보카도 한 개를 먹고 속살을 깨끗이 긁어낸 뒤 껍질과 씨를 말린 다음, 둘 다 작은 조각으로 잘라 물 3리터와 함께 냄비에 넣고 한 시간 동안 끓여요. 순면으로 된 천에 아보카도 끓인 물을 부은 뒤 여섯 시간 동안 담가두세요. 천은 어떤 색으로 변할 것 같나요? 또 실제로는 어떤 색이 되었나요?

_____

_____

_____

_____

3. 다음에 부모님과 산책을 갈 때, 지도를 펼친 뒤 눈을 감고 지도 위의 아무 곳이나 짚으세요. 그런 다음 여러분의 손가락이 가리키는 장소와 그 부근의 거리를 탐색해보세요. 그러면 우연히 아주 특별한 것을 발견하게 될지도 몰라요. 어떤 것을 발견했나요?

_____

_____

_____

_____

_____

BREAK ————————————————— 알고 있나요?

오늘날 사용되고 있는 약 3500가지의 합성 염료는 윌리엄 헨리 퍼킨의 업적에서 시작되었답니다. 하지만 여기서 끝이 아니에요. 색상에 대한 수요는 공장식 섬유산업을 일으키면서 도시 확장, 무역 성장 등 인류 역사를 바꿔놓았습니다. 우리가 먹는 온갖 약도 바로 퍼킨의 염료 합성에서 얻은 화학적 구조식으로 대량생산이 가능해졌답니다.

참, 자연에는 파란색이 매우 드문데 인공적으로도 만들 수 없어, '신의 영역'이라고도 했죠. 그래서인지 'blue rose'의 꽃말은 '거짓말' '말도 안 돼'랍니다. 그런데 얼마 전 일본의 한 회사가 유전공학 기술로 마침내 파란색 장미를 만드는 데 성공했다고 밝혔습니다. 그 장미의 이름은 '어플로즈Applause'인데, 실제로는 라일락색에 좀더 가깝답니다.

우리 곁의 작은 스승, 동물들에게 배울 점

- 동물들도 아는 삶의 미학 -

레알 마드리드의 골키퍼인 티보 쿠르투아Thibaut Courtois가 몸을 풀고 있을 때였어요. 상대 팀 팬들이 그에게 쥐를 던지기 시작했습니다. 경기장에는 곧 쥐 몇 마리가 뒹굴게 되었는데, 다행히 그것들은 모두 인형이었죠. 하지만 메시지만큼은 분명 했습니다. 상대 팀 팬들은 쥐를 던짐으로써 쿠르투아를 얼마나 싫어하는지를 보여준 것이었죠.

쥐는 더럽고 야비하고 교활하다는 이미지 때문에 "쥐새끼 같 은 놈!"이라는 욕도 생겨났지만, 이는 사실이 아닙니다('동전 던 지기의 함정' 편 참조). 쥐는 오히려 그 반대에 더 가깝거든요.

몇 년 전, 사람들은 쥐 두 마리를 우리에 가두고 작은 실험을 했습니다. 1번 쥐는 자유롭게 풀어놓았고, 2번 쥐는 비좁은 플라스틱 관 속에 앉혀놓았죠. (여기서만 봐도, 쥐와 사람 중 누가 더 야비한가요?) 그리고 초콜릿을 우리 안에 집어넣었습니다.

쥐는 초콜릿을 좋아해요. 그런데 1번 쥐는 관 안에 갇혀 있는 2번 쥐를 두고, 혼자서 그 초콜릿을 차지할 기회를 얻은 거죠. 하지만 1번 쥐는 그렇게 하지 않았어요. 대신 2번 쥐를 풀어준 뒤 초콜릿을 함께 나눠 먹었죠.

또 한 번은 사람들이 꼬리감는원숭이 한 마리를 우리 안에 넣고, 작은 돌멩이를 먹을 것과 바꾸도록 가르쳤습니다. 원숭이가 돌멩이를 줄 때마다 오이 하나를 건네는 식으로요. 꼬리감는원숭이는 오이를 좋아하거든요. 하지만 사실 그보다 더 좋아하는 건 포도예요.

어느 날 그 원숭이는 옆 우리의 원숭이가 돌멩이를 오이가 아닌 포도와 바꾸는 모습을 보게 되었어요. 원숭이는 너무 화가 난 나머지 연구자에게 오이를 던지고, 우리를 흔들고, 발을 쿵쿵댔죠. 그리고 결국에는 더 이상 돌멩이를 내놓지 않았답니다.

이 이야기들에는 어떤 교훈이 있나요?

쥐처럼 남을 잘 도와야 하고, 원숭이처럼 공정함을 중시해야 한다는 것이겠죠.

　좀더 생각해보면, 동물도 인간과 비슷한 감정을 느낀다는 것
도 알 수 있지 않나요? 그리고 어떤 상황에서는 인간보다 더 나
은 면이 있다는 사실도 말이에요.

TASK ──────────────────────────────────────

1. 우리가 일상에서 쓰는 말 중엔 동물을 비하하는 것들이 많아요. 그
　런 말을 찾아보고, 어떤 뜻에서 그 말을 쓰게 되었는지 유래를 알아
　보세요.

　_____

　_____

　_____

　_____

2. 잘 살펴보면 동물들은 우리가 몰랐던 모습들을 가지고 있습니다.
　평소 좋아했거나 익숙하게 봐온 동물들의 성격이나 특성을 찾아보
　세요. 그리고 배울 만한 모습이 있는지 살펴보세요. 예를 들면, 공원

에서 통통 뛰어다니던 까치가 실은 맹금류한테도 기죽지 않는 담력이 있다는 것 등을 알 수 있겠죠?

_____

_____

_____

_____

3. 동물에게 좋은 일을 해주세요. 이웃집 개 산책 시키기, 베란다나 정원에 새집 만들기와 같은 일을요. 어떤 일을 하기로 결정했나요?

_____

_____

_____

_____

BREAK ─────────────────────── 알고 있나요?

좋은 냄새가 나는 공간에서 사람들은 뭔가 더 베풀고 싶은 마음이 생긴답니다. (다음번에 부모님과 용돈 협상을 할 때 잊지 마세요.)

2부

우리는 부자야,
상상력을 가졌거든

앱 사용법과 빵 굽기

- 과정의 가치 -

온 세계에 코로나 바이러스가 퍼지기 시작한 뒤 많은 것이 달라졌습니다. 학교는 문을 닫았고, 사람들은 마스크를 쓰게 되었죠. 휴가는 취소되고, 계속된 거리 두기로 사람들이 집에 머무는 시간이 길어지면서 거리가 한산해졌죠.

마치 커다란 일시 정지 버튼이 눌러진 듯했어요. 그런데 이런 '일시 정지'의 상황은 1000년도 더 된 방앗간에 새 생명을 불어넣었습니다.

영국 남부 스투어강 근처의 작은 마을에 있는 이 방앗간은,

최근까지는 명맥만 겨우 유지하고 있었습니다. 마지막으로 방 앗간을 운영하던 주인의 손자는 미술 교사였는데, 그는 가족들 과 학교 학생들에게 '밀가루는 나무에서 나는 것이 아니라 밀, 호밀과 같은 곡식으로부터 얻는 것'이라는 사실을 알려주고자 할 때에만 방앗간 문을 열었죠.

그럴 때면 그는 맷돌이 어떻게 작동하는지도 보여주었습니 다. 바닥에 단단히 고정된 아랫돌 위에 알곡을 놓고, 윗돌을 회 전시켜 알곡을 으스러뜨리는 과정을요. 방문객들이 방앗간을 떠날 때에는 작은 밀가루 봉투를 가져가도록 했어요. 이 봉투 는 단지 기념품일 뿐이었죠. 실제 베이킹에 쓸 밀가루가 필요 한 사람은 모두 마트로 갔습니다.

그러다 코로나가 찾아왔고, 마트의 밀가루 진열대는 순식간 에 텅 비어버렸습니다. 밀가루가 품절되었지만, 추가 공급이 빠르게 이루어지지 않았죠. 그래서 스투어강 근처의 그 방앗간 은 다시 밀을 갈기 시작했습니다. 미술 교사는 최소한 자기 이 웃들이 먹을 밀가루라도 만들기 위해, 한때 할아버지가 그랬듯 방앗간 주인이 되었어요. 그리고 1.5킬로그램씩 포장된 밀가 루를 판매했습니다.

그런데 도대체 왜 코로나 시기에 밀가루가 부족하게 된 걸 까요?

사람들은 음식을 사 먹는 것에 익숙합니다. 아침이면 빵집에서 크루아상을, 점심에는 카페에서 빵을 구입하죠. 하지만 코로나로 인해 모두 외출을 자주 하지 않게 되었습니다. 그래서 빵을 직접 구울 시간이 생겼던 거예요. 그리고 무엇보다도 사람들은 그 일에 흥미를 느꼈어요!

사실 빵 굽기는 옛날 일로 여겨집니다. 사람들은 DVD 플레이어와 빔 프로젝터를 연결하는 방법이나 외국어 통역앱 사용법은 잘 알면서, 빵 굽기라는 간단한 기술은 더 이상 배우려 하지 않죠.

하지만 일단 배워보면, 누구라도 빵 굽기에 푹 빠진답니다. 진흙을 가지고 노는 것과 좀 비슷하지만, 진흙보다 훨씬 더 맛이 좋은 빵이 만들어지죠. 또 마음을 안정시키는 데에도 큰 도움이 되고요. 세상의 모든 빵집이 문을 닫는다고 해도, 여러분은 직접 빵을 만들어 먹을 수 있습니다.

또 빵을 굽는 동안 여러분은 삶에서 일어나는 여러 가지 일들을 경험할 수 있습니다. 소매를 걷어붙이고 달려들기, 시도하기, 만들고 수정하기, 다시 시도하기, 다시 만들기, 다시 수정하기, 참을성 갖기, 그리고 성공적인 결과물을 다른 사람들과 나누며 즐기기까지 말이에요.

1. 빵을 구워보세요. 재료는 아래와 같아요.

· 밀가루 500g

· 해바라기씨 200g

· 식초 2큰술

· 물 450ml

· 효모

· 소금 2작은술

효모, 소금, 식초를 미지근한 물에 넣고 녹입니다. 여기에 밀가루와 해바라기씨를 넣고 잘 반죽한 다음 따뜻한 곳에 30분간 둡니다. 200도로 예열한 오븐에서 반죽을 한 시간 동안 굽습니다.

해바라기씨 대신 참깨나 호박씨를 넣어도 좋아요. 그 밖에 당근, 견과류, 감자 등 여러분이 좋아하는 재료나 집에 있는 재료들을 넣어도 괜찮아요. 가진 재료들로 최선의 맛을 내도록 시도해보세요(우리가 살면서 다른 일을 할 때와 마찬가지로요).

다음 쪽에는 여러분만의 빵 굽기 팁을 적어보세요.

_____

_____

_____

_____

_____

2. 다음은 우리가 할 줄 알아야 하는 일들입니다. 앞으로 몇 주 동안 여러분이 연습해보아야 할 일들도 있을 거예요.

- 단추 달기
- 아픈 사람 돌보기
- 상 차리기
- 스크램블드에그 만들기
- 상대방을 더 잘 알기 위해 질문하기
- 침대 정돈하기
- 지도 보기
- 연설하기
- 도움을 요청하기
- 농담하기
- 그림 똑바로 걸기

독일에서는 이사하면, 빵과 소금을 집들이 선물로 주는 전통이 있습니다. 빵은 사람이 사는 데 반드시 필요한 주식을, 소금은 삶을 지루하지 않게 해주는 양념을 뜻한다고 해요.

당신은 오늘 양동이를
얼마나 채웠나요

- 나눌수록 커지는 것이 있다 -

딸기 한 접시.

따듯한 이불.

머리 자르기.

잘 맞는 바지.

땅콩버터 한 통.

인형.

이것들이 무엇이냐고요? 들어보세요.

무더운 여름, 열한 살인 루비는 대부분의 시간을 양로원에서 보내고 있었습니다. 어머니가 거기서 일하시거든요. 루비는 혼자 집에 있기 싫었는데, 달리 가 있을 곳도 없었어요.

루비가 아는 모든 아이들은 취미를 하나씩 갖고 있었습니다. 체조, 춤 같은 것들 말이에요. 루비 역시 취미를 가져보라는 말을 많이 들었습니다. 그래서 체조도 해보고 춤도 춰보았지만, 결국에는 다시 양로원으로 돌아오게 되었어요.

"무슨 일 있으세요, 펄 할머니?"

양로원에 사는 한 할머니가 우울한 표정을 짓고 있는 걸 본 루비가 물었습니다. 할머니는 키우던 개가 보고 싶다고 말했죠. 다시 볼 수 있으면 정말 좋겠다고, 그러면 더 이상 바랄 게 없겠다고요.

그때부터 루비는 낡은 공책을 들고 양로원을 돌아다니며, 사람들에게 질문했습니다.

"세 가지 소원을 말씀해보세요."

할머니, 할아버지들이 답했습니다.

"결혼식에 가고 싶어."

"새 샴푸가 필요해."

"폭신한 베개가 있었으면."

"놀이터에 가서 아이들 목소리를 듣고 싶어. 아이들 목소리를 들으면 기분이 좋아지니까."

루비는 소원들을 기록하고, 그것을 실현하기 위해 필요한 돈을 모으기 시작했습니다. 그리고 다른 때 같으면 체조를 하거나 춤을 추고 있을 아이들까지 불러 모아 소원이 이루어지도록 했죠.

이로써 특별할 것 없었던 루비의 '낡은 공책에 뭐라도 적기' 아이디어는, 온 국민이 참여하는 '루비의 양로원 거주자들을 위한 세 가지 소원' 운동이 되었습니다.

몇 년 전《당신은 오늘 양동이를 채웠습니까?》라는 책이 출간되었습니다. 이 책에 따르면, 사람은 누구나 눈에 보이지 않는 양동이를 가지고 있다고 해요.

우리는 이 양동이에 좋은 생각과 감정을 담아둘 수 있어요. 누군가에게 좋은 일을 하거나, 그의 말에 귀를 기울이거나, 칭찬을 하면 양동이가 가득 채워지죠. 반대로 누군가에게 못된 행동을 하거나, 화나게 하거나, 무시하면 그건 양동이를 쏟아버리는 것과 마찬가지예요.

양동이가 가득 차면 행복해지고, 양동이가 텅 비면 슬프고 외롭다고 느낀답니다.

여러분도 이번 주에 양동이 한두 개쯤은 채울 수 있을 것 같나요?

루비에게 딸기를 먹고 싶다고 말했던 할머니는 딸기를 못 먹은 지 8년이나 되었습니다. 또 인형을 원했던 할아버지는 꼭 끌어안을 사람이 아무도 없었죠.

다른 사람들이 어떤 기분을 느끼는지 상상하기란 힘든 일입니다. 하지만 그들의 기분이 나아지도록 하는 것은 의외로 아주 쉽답니다.

TASK ─────────────────────────────

1. 칭찬 카드를 써서 이웃집 문 앞에 놓아보세요.

그 이웃의 좋은 점과 호감을 느끼는 부분에 대해 빠짐없이 적어요.

여러분이 열쇠를 잃어버렸을 때 잠시 집에 들어와 있도록 해주었을 수도 있고, 택배를 대신 받아주었을 수도 있고, 헤어스타일이 멋지다거나 웃는 얼굴이 보기 좋을 수도 있겠죠.

여러분은 카드에 뭐라고 썼나요? 그리고 이웃의 반응은 어땠나요?

2. 여러분이 정말 좋아하는 물건(책일 수도 있어요)을 눈에 띄는 장소에 놓아두세요. 어떤 상황에서 그 물건이 도움되었는지를 메모지에 적어서 함께 두세요. 물건과 메모를 발견한 사람 역시 나중에 그것을 어딘가에 두어서, 더 많은 사람들에게 행운을 가져다줄 수 있도록 해달라고 부탁해보세요.

3. 여러분은 어떤 물건을, 어디에 놓아두었나요?

4. 오늘 여러분의 양동이는 어떻게 채워졌나요?

5. 여러분을 행복하게 하는 일들을 아래에 적어보세요.

   · 다른 사람을 기쁘게 하기

   · 춤추기

   · 농구

   _____

   _____

   _____

   _____

   _____

여기에는 싫어하는 일을 적어보세요.

   · 다른 사람과 비교당하기

   _____

   _____

   _____

   _____

불교 승려 마티유 리카르Matthieu Ricard는 세상에서 가장 행복한 사람으로 불립니다. 그의 뇌를 검사한 학자들은 긍정적인 기분을 관장하는 뇌의 영역이 그 어떤 사람에게서도 볼 수 없을 만큼 높이 활성화된 것을 발견했죠. 그리하여 사람들은 그에게 "리카르 씨, 행복의 비결은 무엇입니까?"라고 물었습니다. 그러자 그는 이렇게 대답했다고 합니다. "가장 행복한 일은 다른 사람을 행복하게 만드는 것입니다."

우리는 결코 게을렀던 적이 없다고?

- 쉬지 않고 움직이는 우리 몸 -

지난 몇 주간 여러분은 빵을 굽고, 물총새를 지키고, 독서 클럽을 만들고, 행복한 순간들을 유리병에 모았습니다.

다시 말해 여러분은 부지런히, 지치지 않고, 꾸준히 노력해 왔죠.

이제 기분 전환을 위해 부디 아무것도 하지 마세요. 모든 것을 그대로 놔두고, 가능한 오랜 시간 동안 소파, 침대, 해먹 등 편안한 곳에서 아무 일도 하지 않고 쉬어야 합니다. 그리고 그렇게 손가락 하나 까딱하지 않는 순간에도, 사실 여러분은 굉장한 활동을 하고 있다는 사실을 명심하세요.

시계를 보세요.

앞으로 60초 동안 여러분의 눈은 무의식중에 180번이나 빠르게 움직이고, 약 25번 숨을 들이마십니다.

1억 8000만 개의 적혈구가 만들어지고, 4만 개의 비듬이 떨어집니다.

여러분의 머리카락 하나하나는 오늘 하루 동안 0.5밀리미터 정도 자라며, 여러분이 이 이야기를 듣고 웃는 지금 총 300개의 근육이 사용되고 있죠.

300그램이 채 안 되는 아보카도 하나와 비슷한 무게인 여러분의 심장은 오늘 약 11만 5000번 뛰고, 이때 약 8000리터의 피가 여러분의 몸으로 보내집니다. 단 한 번의 심장박동으로 5분의 1초 내에 발의 동맥까지 피가 전달되며, 이를 위해 심장은 여러분이 느긋하게 쉬는 동안에도 피가 10미터 높이만큼 솟아오를 정도의 힘으로 펌프질을 합니다.

피 한 방울, 한 방울은 오늘 하루 동안 300번 걸러지며, 여러분의 몸에 있는 모든 혈관들을 한 줄로 이으면 지구를 약 2.5번 감쌀 수 있어요.

또 여러분 몸속의 신경섬유 다발을 전부 이으면, 달까지 왕복할 수 있을 정도의 길이가 되죠.

여러분은 일생 동안 한 달이라는 시간을 오줌을 누는 데 보내며, 만약 지금 여러분의 얼굴이 빨개졌다면 위 점막 역시 빨개진 거랍니다.

이래도 여러분의 몸이 얼마나 부지런한지 못 믿겠다면, 언제든 하루 날을 잡아 한없이 게으르게 보내보세요. 정말 아무것도 안 할 때조차 여러분의 몸은 1.5리터의 침을 만들어내니까요.

그건 실로 엄청난 일이랍니다.

TASK ───────────────────────────

1. 좋아하는 사람이 있나요? 그렇다면 잠시 그 사람의 눈을 빤히 쳐다보세요. 3분 후면 두 사람의 심장이 같은 속도로 뛰게 된답니다.

2. 주말에 최대한 오랫동안 잠옷 차림으로 지내보세요. 정말 어쩔 수 없을 때에만 벗되, 될 수 있으면 저녁까지 입고 있는 게 가장 좋아요. 여러분은 잠옷을 얼마나 오랫동안 입고 있었나요?

3. 여러분이 가장 좋아하는 신체 부위를 사진으로 찍어서 아래에 붙이고, 좋아하는 이유를 적어보세요. 예를 들어 지난번 100미터 달리기 때 아주 잘 뛰어준 다리가 좋다거나, 귤 냄새를 맡게 해주는 코가 좋다거나 하는 식으로요.

4. 여러분이 '세계 게으름 선수권 대회'에 나가서 반드시 우승을 해야 하는데, 그러려면 엄청나게 게으른 행동을 해야 한다고 상상해보세요. 예를 들면 이렇게요.

'여러분은 소파에 앉은 채로 옆방의 이불을 가져오면 좋겠다고 생각한다. 하지만 움직이기가 너무도 귀찮아서 주방에 있는 아버지에게 전화를 걸어, 이불을 가져다 달라고 부탁한다.'

당연히 실제로는 불가능한 일이죠. 하지만 이런 행동이 허용될 뿐 아니라, 심지어 아주 바람직한 것이라고 상상해보자고요!

여러분이 생각해낸 가장 게으른 행동은 무엇이었나요?

_____

_____

_____

_____

_____

_____

BREAK ——————————————— 알고 있나요?

여러분의 손톱은 발톱보다 세 배 더 빨리 자라며, 그중에서도 여러분이 글씨를 쓸 때 사용하는 손의 중지 손톱이 가장 빨리 자란답니다.

발레리나와 벽돌 한 장

- 바라보고 상상하고 행동하라 -

앞으로 며칠간 여러분에게 필요한 건 벽돌 한 개뿐입니다.

그 벽돌을 잠시 손에 들고, 크기와 무게를 가늠하며 생각해보세요.

여러분은 그것으로 무엇을 할 수 있을까요?

벽을 쌓는 거야 당연하죠. 우리는 벽을 세우는 데 항상 벽돌을 이용해왔으니까요.

혹시 그 밖에 더 생각나는 게 있나요?

지금부터 앞으로 며칠간 생각해보세요. 그러기 위해서는 벽돌을 여러분 가까이에 두어야 합니다.

어쩌면 종이가 날아갈 정도로 바람이 세게 불어서, 벽돌을 문진으로 사용할 수도 있겠죠.

발이 찬 사람은 벽돌을 따뜻하게 데워서 침대로 가져갈 수도 있고요.

여러분의 생각을 전부 적어보세요.

그런데 왜 벽돌에 대해 생각해보아야 하냐고요?

혹시 미스티 코플랜드Misty Copeland를 아나요? 그녀는 발레리나, 그것도 아주 유명한 발레리나인데 그녀가 특히 대단한 이유가 두 가지 있습니다.

첫째로, 미스티 코플랜드는 오랫동안 백인 여성들의 전유물이던(오늘날까지도 아프리카계 미국인 발레리나들은 성공하기가 힘듭니다) 발레계에서 성공한 아프리카계 미국인입니다. 그녀는 나이가 너무 많고, 뚱뚱하고, 특히 흑인이라는 이유로 발레 아카데미로부터 입학을 거절당했습니다. 하지만 그녀는 그 모든 편견을 무너뜨리고 세계의 정상에 우뚝 선 거죠.

둘째로, 캘리포니아에서 자란 미스티 코플랜드는 춤을 뒤늦게 시작했습니다. 그녀의 집은 가난했어요. 어머니는 미스티와 다섯 오누이를 홀로 키우느라 겹벌이를 했지만, 그래도 항상 돈이 궁했죠. 그래서 일곱 식구는 한동안 초라한 모텔 방에서 살았는데, 이때 미스티는 춤이 자신을 행복하게 만든다는 사실을 깨달았습니다. 그녀는 발코니에 나가 두 평 정도밖에 안 되는 그곳을 연습실이라고, 지저분한 난간을 발레 바라고 상상하며 연습에 몰두했습니다.

미스티에게 바람 부는 발코니가 댄스홀이 되었듯, 우리에게 벽돌이 문진 또는 보온 용품이 될 수도 있는 것이죠. 벽돌을 벽 쌓는 데만 쓸 수 있다는 편견을 버린다면요.

이렇게 무언가를 색다른 방식으로 사용한다면, 그것을 그 자체로만 바라보지 않고 그 안의 가능성까지 고민하고 알아본다면 분명 도움이 될 것입니다. "상상력은 마음속에 품은 의사"라는 말도 있답니다.

TASK ─────────────────────────────

1. "내가 얼마나 나 자신으로 충분한지 보여주자." 미스티 코플랜드의 말이에요. 그녀는 최초의 아프리카계 미국인 발레리나로 발레극 〈백조의 호수〉 무대에 섰어요. 2015년 《타임》은 '세계에서 가장 영향력 있는 100인' 중 한 명으로 그녀를 선정하기도 했죠. 미스티는

청소년 시기 매우 소심한 성격이었는데, 발레를 통해 자신을 표현할 수 있는 힘을 얻었다고 합니다. 미스티 코플랜드의 발레처럼, 나를 바꾸지 않고도 스스로를 표현하는 나만의 수단이 있나요?

2. 일상에서 상상력을 발휘해봐요! 청소하기가 귀찮은가요? 그렇다면 오늘은 초록색 물건들만 치우고, 내일은 파란색 물건들만 치워보세요.

3. 모든 게 너무 지루하게 느껴지나요? '웃기는 단어의 날'을 만들어보세요. 예를 들어 '원래'라는 말을 할 때마다 공중제비를 도는 거예요.

4. 인덱스카드로 탑을 쌓아보세요. 펜으로 새총을 만들거나, 스파게티 면으로 다리를 만들어보세요. 여러분이 만든 것을 사진으로 찍어 다음 페이지에 붙여보세요.

화가 파울 클레는 "선이란 점이 떠나는 산책이다"라고 말했습니다. 상상력에 대해 이보다 더 잘 표현한 말이 있을까요?

엄마아빠에게서
핸드폰을 빼앗아보자!

- 스마트폰은 정말 스마트할까 -

"이제 핸드폰 좀 그만해!"

여러분은 부모님한테 이런 말을 자주 들을 거예요. 아마 인터넷 사용 시간을 줄여야 한다는 주제에 대한 강의도 종종 들을 거고요.

다 그럴 만한 이유가 있답니다.

첫째로, 인터넷은 우리를 불행하게 합니다. 인스타그램 사용자는 자신의 신체에 대한 만족도가 크게 떨어지며, 무언가를 놓치고 있다는 기분을 자주 느낍니다. 반대로 SNS를 이용하지 않는 사람일수록 행복의 수준이 높죠.

둘째로, 핸드폰은 중독을 일으킵니다. 한 실험에서 여러분 또래의 친구들에게 핸드폰을 내놓도록 하자, 대부분은 놀라서 심장박동이 빨라졌습니다. 그중 절반 이상은 늘 생각했던 것보다 더 많은 시간을 온라인에 접속한다고 말했어요. 또 3분의 1은 인터넷을 하지 않을 때면, 곧 언제 다시 할 수 있을지를 고민한다고 했습니다.

그러므로 여러분의 부모님이 인터넷 사용을 주의시키는 것은 매우 칭찬받을 일입니다.

그런데 부모님은 어떤가요? 혹시 여러분의 어머니나 아버지가 핸드폰을 손에 든 채 화장실로 들어가는 모습을 보고 놀란 적이 있나요? 만일 그렇다면 여러분은 성인의 75퍼센트가 화장실에서도 핸드폰을 쓴다는 사실을 알아야 합니다.

또 부모님이 잘 때 핸드폰을 어디에 두는지는 알고 있나요? 대부분의 성인들은 잘 때도 핸드폰을 마치 애착 인형처럼 몸 가까이에 둔답니다. 성인 중 절반 이상이 잠에서 깨면 곧바로 핸드폰을 들여다보고, 4분의 1은 한밤중에도 보죠.

그렇다면 부모님에게서 핸드폰을 빼앗으면 어떻게 될까요?

어쩌면 부모님의 맥박이 비정상적으로 빨라질지도 모릅니다. 성인이 하루에 핸드폰을 누르거나 터치하는 횟수는 평균 2617회나 된다고 하니까요(1년이면 100만 회에 이릅니다).

그러므로 부모님에게는 여러분의 도움이 필요합니다. 부모님의 핸드폰을 안전한 곳에 놓아두어요. 그리고 부모님이 아침에 일어나 핸드폰을 열심히 찾거나, 그것을 가지고 화장실에 가려고 한다면 팔을 붙잡고 이렇게 말하세요.

"이제부터 마음 단단히 먹으세요. 다 아빠, 엄마를 위한 일이에요."

TASK ―――――――――――――――――――――――――――――

1. 부모님의 반응은 어땠나요? 맥박을 재어봤나요?

2. 핸드폰 없는 시간을 가족 실험으로 확장해보세요. 하루(또는 이틀이나 사흘) 동안 다 함께 핸드폰을 쓰지 않기로 부모님, 형제자매와 약속을 하는 거예요.

누가 가장 힘들어했나요? 또 누가 핸드폰 없이 가장 잘 지냈나요?

----

3. 어떤 핸드폰 규칙을 만들어야 할지 가족과 상의해보세요. 예를 들어 현관에 상자 하나를 놓아두고, 다 같이 영화를 보는 시간에는 핸드폰을 상자 안에 넣어둘 수 있겠죠. 또는 식사 시간에는 핸드폰을 쓰지 않기로 합의해도 되고요. 아니면 여러분이 축구 경기를 하고 있을 때, 어머니가 경기장 밖에서 핸드폰만 보고 있으면 방해가 된다고 말할 수도 있어요.

워싱턴 근처의 그린뱅크라는 지역에는 무선 랜도, 블루투스도 안 되는 데다 핸드폰 사용 자체가 금지된 곳이 있습니다. 이곳에 세계에서 가장 큰 전파망원경(천체로부터 오는 전파를 수신하는 거대한 접시형 안테나)이 있기 때문이에요. 연구자들은 아무 방해도 받지 않고, 우주의 비밀을 알아내려고 하는 것이죠.

섀클턴이 목숨만큼 귀하게 여긴 악기

- 인생이라는 탐험의 필수품 -

탐험기에는 두 가지 흥미로운 특징이 있습니다.

첫째, 탐험에 사용된 배가 성과에 걸맞은 이름을 갖고 있는 경우가 많다는 것입니다. 예를 들어 포르투갈의 항해사 페르디난드 마젤란Ferdinand Magellan이 스페인 왕의 명령으로 서쪽 항로를 개척할 때 투입되었던 함대 중 스페인으로 되돌아온 배는 단 한 척뿐이었거든요. 그 배의 이름은 '빅토리아(승리)'였답니다. 그리고 1875년 지구상에서 가장 깊은 심해(8184미터)를 측정한 사람들이 탔던 배는 '첼린저(도전자)'였죠.

둘째, 탐험은 보통 계획했던 것과는 다르게 진행된다는 점입니다. 크리스토퍼 콜럼버스Christopher Columbus는 인도 대신 아메리카를 발견했고, 제임스 쿡James Cook은 거대한 미지의 남방 대륙이 아니라 작은 뉴질랜드를 발견했죠.

1914년 남극 탐험가 어니스트 섀클턴Ernest Shackleton이 썰매와 스키를 이용해 남극대륙을 횡단하겠다며, '인듀어런스(인내)'라는 이름의 배를 타고 떠났던 탐험도 계획처럼 되지는 않았습니다.

섀클턴의 배는 남극지방을 코앞에 두고 얼음에 갇히고 말았거든요. 그렇게 얼음에 둘러싸인 채 열 달간 표류하던 배는 서서히 가라앉기 시작했죠. 결국 섀클턴은 대원들에게 배를 포기하라는 명령을 내렸습니다. 대원들은 생필품만을(구명정 세척 포함) 각자 1킬로그램이 넘지 않는 선에서 챙길 수 있었습니다. 섀클턴이 본보기가 되어 금시계와 금 담뱃갑을 버렸고 대원들도 따라 했죠.

그런데 한 사람만은 예외였습니다. 탐험대에서 가장 키가 작았던 레너드 허시Leonard Hussey는 섀클턴의 명령에 따라 6킬로그램은 족히 나가는 밴조(기타와 비슷한 악기)를 끌고 가야 했어요.

"그건 정신을 지켜주는 약이야."

섀클턴은 말했습니다.

"우리한테 꼭 필요할 걸세."

탐험대 28명은 다섯 달 동안 부빙 위를 행군했습니다. 그러다 부빙이 갈라지는 바람에, 구명정 세 척에 올라타 바위가 많고 얼음으로 뒤덮인 엘리펀트섬으로 피신했어요. 그들은 구명정 두 척을 뒤집어 은신처를 만들었죠.

세 번째 구명정에는 선장과 선원 다섯 명이 탑승했습니다. 구조 요청을 하러 떠나겠다고 결심했던 것이죠. 이를 위해 그들은 그 작은 조각배로 1300킬로미터나 되는 망망대해를 항해해야 했어요. 가는 도중 높이가 16미터에 달하는 산처럼 거대한 파도를 만날 수도 있고, 운이 아주 좋아야 살아남을 수 있다는 사실도 알고 있었지만 다른 방법이 없잖아요? 엘리펀트섬에 계속 머물다가는 분명 죽게 될 테니 말이에요.

항해는 그들이 생각했던 것보다 훨씬 더 힘들었습니다. 배가 마치 코르크 마개처럼 내동댕이쳐졌다고, 후에 섀클턴이 회상했을 정도였죠. 17일 후 마침내 그들이 사우스조지아섬에 도착했을 때는, 그 어떤 사람도 넘은 적 없는 산이 앞을 가로막고 있었습니다. 보름달이 뜰 때 출발한 그들은 36시간 뒤 기적처럼 두 소년을 만났지만, 기나긴 여행에 찌든 탐험대의 형편없는 몰골에 놀란 소년들은 줄행랑을 쳤답니다.

그로부터 3개월 후, 드디어 새클턴은 구조선을 타고 다시 엘리펀트섬으로 갈 수 있었습니다. 그곳의 상황을 전혀 알 수 없었던 그의 앞에 기적이 펼쳐졌죠.

대원들은 모두 살아남았고, 전부 그곳에 있었던 것입니다.

밴조도요.

이가 딱딱 부딪칠 정도의 추위 속에서도 대원들은 밴조를 땔감으로 쓰지 않고, 마치 귀중품처럼 애지중지했습니다. 펭귄이나 바다표범을 잡아 오랜만에 식사를 하게 될 때마다 그들은 밴조 연주로 축하했고, 매주 토요일 밤이면 대원들이 직접 만든 곡을 선보이는 음악회도 열었죠. 밴조는 대원들이 엘리펀트섬에서 살아남는 데 너무도 중요한 역할을 했기에, 새클턴은 그것을 영국으로 가져왔고 현재는 박물관에 전시되어 있답니다.

인내는 탐험에서만 필요한 게 아닙니다. 그들을 기다리던 남쪽 엘리펀트섬에서의 삶도 쉽지 않았을 거예요. 그럴 때면 밴조 같은 것이 도움이 되는데, 여기서 밴조는 꼭 밴조가 아닐 수도 있어요. 누군가에게는 피아노가 될 수도 있고, 또 누군가에게는 종이와 펜이 될 수도 있답니다.

여러분에게 힘을 주는 것이면 무엇이든 상관없어요. 중요한 건, 여러분만의 밴조를 찾는 거니까요.

TASK ────────────────────────────────

1. 남극 탐험가에는 어니스트 섀클턴 말고도 로버트 스콧Robert Scott,
   로알 아문센Roald Amundsen이 있어요. 영국의 지질학자 레이먼드 프
   리스틀리Raymond Priestley는 말했답니다. "과학적인 리더십이 필요
   할 땐 스콧을, 빠르게 탐험할 때는 아문센을, 그리고 절망적인 상황
   에서 앞이 보이지 않을 때는 섀클턴을 보내달라고 신에게 기도하
   겠다." 이 말에 대해 어떻게 생각하나요?

2. 악기는 확실히 우리 마음을 부드럽게 해주죠. 상점에 가서 여러분
   이 몰랐던 악기 몇 가지를 연주해보세요. 어떤 악기가 가장 마음에
   들었나요?

_____

_____

_____

_____

_____

3. 여러분에게는 행운의 부적 같은 것이 있나요? 없다면 스스로에게

 하나 선물해보세요. 그리고 여러분이 아끼는 물건을 다른 사람에

 게 선물해보세요.

4. 일이 생각대로 잘되지 않았던 상황을 떠올려보세요. 그때 어떤 것

 이 여러분에게 가장 큰 도움이 되었나요?

_____

_____

_____

_____

_____

_____

5. 여러분이 탐험을 떠난다면 어떤 물건을 가져가고 싶은가요?

_____

_____

_____

_____

BREAK ─────────────────────────── 알고 있나요?

음악은 힘든 때에 도움이 되어주곤 합니다. 섀클턴의 대원들이 밴조 음악으로 남극지방에서의 외로움을 이겨낸 것처럼, 이탈리아인들은 코로나로 인한 봉쇄 때 발코니 음악으로부터 위안을 얻었죠. 이에 관해서는 '발코니에서 피어난 사랑' 편에서 더 자세히 알아볼 거예요.

'쳇, 곰팡이라니!' 하고
무시했다면?

- 실수는 일어나서는 안 되는 걸까 -

'여름휴가.'

흰 가운 차림으로 실험실에 서 있던 알렉은 마치 누가 그 단어를 외치기라도 한 듯 고개를 들었습니다. 그리고 창문을 열었죠. 밖으로 내다보이는 런던 프레드가에서는 종소리, 사람들이 웃고 떠드는 소리, 마부의 채찍질 소리, 누군가의 기침 소리가 들려왔어요. 여름휴가를 외치는 사람은 아무도 없었습니다. 그런데도 알렉의 머릿속에서는 휴가 생각이 떠나지 않았죠.

'내일이면 강가에 있는 집에서 수영도 하고, 공놀이도 하고, 낚시도 하고, 하루 종일 밖에서 놀 수 있어. 드디어!'

그렇다고 오해하면 안 됩니다. 알렉은 의사이고, 자기 일을 사랑하는 사람이에요. 더 중요한 일이 있을 거라고는 상상도 못 할 정도로요.

그의 아버지는 그가 일곱 살 때 돌아가셨어요. 또 누가 알겠어요? 어쩌면 지금 밖에서 기침하는 사람이 폐렴으로 곧 목숨을 잃을지도 모를 일이죠. 때는 1928년, 실제로 많은 사람들이 그렇게 세상을 떠났습니다. 폐렴, 성홍열, 홍역, 결핵, 심지어는 설사로 죽는 사람도 있었어요.

이 모든 병은 어디서 오는 걸까요? 그것을 알아내기 위해 알렉은 세균을 배양했습니다. 그의 주위는 세균 배양접시들이 가득 쌓여 있었죠.

실험실 동료들은 알렉을 '소인'이라고 불렀습니다. 키가 그리 크지 않다는 이유도 있었지만 그가 지저분하고, 정리정돈을 잘 안 하고, 매우 어리숙했기 때문이죠.

얼마 전에는 동료의 현미경 렌즈에 반죽을 묻혀놓고, 동료가 렌즈를 들여다보며 아무것도 보이지 않는다고 하자 배꼽을 잡고 웃기도 했어요.

창밖으로 자동차 한 대가 지나갔고, 알렉은 자기도 따라가고 픈 마음이 굴뚝같았어요. 그는 주위를 둘러보았습니다.

'좀 치우고 가야 하나?'

그는 세균 배양 중인 접시 몇 개를 들어 차곡차곡 쌓았습니다. 그 이상은 하고 싶지 않았어요. 마음이 바빴거든요. 얼마나 바빴는지, 창문도 안 닫고 실험실을 나서고 말았죠.

휴가를 마치고 실험실로 돌아온 알렉은 배양접시 하나에 곰팡이가 피어 있는 것을 발견했습니다. 그 곰팡이를 발생시킨 포자는 열린 창문을 통해 들어온 게 틀림없었죠.

하지만 알렉은 '쳇, 곰팡이라니, 역겹군. 얼른 치워버려야지'라고 생각하지 않았습니다. 오히려 그는 그 접시를 자세히 관찰했고, 거기서 놀라운 것을 발견해냈죠.

곰팡이가 생긴 바로 그 자리에 세균이 없었던 거예요. 즉 곰팡이가 세균을 없앤 것이었죠.

그 일로 알렉(본명은 알렉산더 플레밍Alexander Fleming)은 후에 노벨상을 받게 되었고, 페니실린 발견의 첫걸음을 내딛었습니다. 페니실린은 병이 있을 때 처방받는 항생제로, 수백만 명의 생명을 살리는 역할을 했어요. 어쩌면 여러분도 한 번쯤 페니실린의 덕을 보았을지도 몰라요.

그리고 그건 바로 너저분함, 게으름, 실수 덕분이었죠. 물론 여러분이 창문을 열어놓을 때마다 묘약을 발견하게 되지는 않겠지만, 실수는 꼭 나쁜 것만은 아니랍니다. 실수에 화내지 않고 다음에 무엇을 할지 생각하는 계기로 삼는다면요.

그러니까 이제부터는 실수를 기쁘게 여기도록 하세요.

TASK

1. 앞으로 며칠 동안 지우개를 쓰지 말아보세요. 실수는 창피해할 게 아니니까요. 오히려 그건 여러분이 무언가를 시도했다는 증거이므로 자랑스러워해야 하죠.

   성공했나요? 선생님들의 반응은 어땠나요?

   _____

   _____

   _____

   _____

2. 실수 모음집을 만들어봐요! "인생 최대의 실수는 무엇이었나요?" 부모님, 형(오빠)이나 누나(언니), 이모나 삼촌에게 어떤 실수를 했고, 거기서 어떤 배움을 얻었는지 물어보세요.

_____
_____
_____
_____
_____

3. 실수를 긍정적으로 바라보는 명언들을 찾아보세요. 어떤 명언이
   가장 마음에 와닿았는지 적어보세요.

   • 모든 실수가 어리석은 것이라 말해서는 안 된다. - 키케로

   • 실수는 발견의 시작이다. - 제임스 조이스

   • 실수는 풍족한 삶을 위해 반드시 치러야 할 비용이다. - 소피아 로렌

   • 당신의 삶에서 가장 큰 실수는, 당신이 실수할 수도 있다는 두려움
     을 계속 가지고 살아가는 것이다. - 엘버트 허버드

_____
_____
_____
_____
_____

캘리포니아에 살던 열한 살 소년, 프랭크 에퍼슨Frank Epperson은 어느 날 밤 베란다에서 나무 막대로 레모네이드를 젓고 있었습니다. 부모님이 그만 자라고 했을 때, 그는 레모네이드를 깜빡 잊고 방으로 들어갔죠. 아주 추운 밤이었던 터라 레모네이드는 꽁꽁 얼어버렸어요. 아이스바는 바로 그렇게 탄생했답니다.

화나우아탕아

- 우리는 서로에게 완벽한 존재 -

1968년 크리스마스이브, 창밖을 바라보던 짐 러벌Jim Lovell
이 손을 들어 엄지를 뻗자 지구가 눈앞에서 사라졌습니다.

무슨 말이냐고요?

그는 미국의 우주선인 아폴로 8호에 타고 있었고, 다른 우주
비행사들과 함께 최초로 달 주위를 돌고 있었죠. 달 착륙은 정
말 대단한 일이었지만, 짐 러벌은 우주선 밖으로 보이는 지구
가 손가락으로 가려질 만큼 작다는 것을 확인하면서 여러 생각
에 빠져들었습니다.

"달을 탐사하러 떠난 여행이었는데, 가장 큰 발견은 바로 지

구였습니다.”

역시 우주선에 탑승했던 빌 앤더스Bill Anders가 한 말입니다.

달에서 본 지구는 파란색과 흰색으로 된 작은 구였습니다. 흰색 소용돌이무늬는 폭풍이었고, 극지방에 춤추듯 어른거리는 불빛은 오로라였습니다. 그리고 지구 주위에는 아무것도 없는 암흑뿐이었죠.

아폴로 8호에 탑승했던 마이크 마시미노Mike Massimino는 심한 고소공포증이 있었는데도 우주 비행사가 되었습니다. 그런데 우주에서 돌아온 그는 또 다른 두려움에 사로잡혔습니다. 멀리서 본 지구의 너무도 연약한 듯한 모습에, 지구에 무슨 일이 생기지는 않을까 걱정되었던 거죠. 그가 가장 인상 깊게 보았던 건, 우리를 해로운 자외선으로부터 보호해주는 오존층이 매우 얇다는 것이었습니다. 그건 아주, 아주 얇은 청록색 선에 불과했죠.

또 다른 우주 비행사 니콜 스톳Nicole Stott은 우주에 나가 있는 동안, 우주선에서 창밖을 바라볼 때는 반드시 알람을 맞춰놓아야겠다는 생각을 하게 되었습니다. 그렇지 않으면 해야 할 일을 잊은 채 몇 시간이고 하염없이 밖을 쳐다보게 된다고 말이에요. 그녀는 우주에서 많은 걸 깨달았다고 말합니다.

“지구가 우주에서 얼마나 완벽하게 자리 잡고 있는지 알게 되었어요. 태양과 조금만 더 가깝거나 더 멀었다면 우리에게 좋지 않았을 거예요. 어쩌면 지구 생명체는 존재하지 않았을지도 모릅니다. 지구는 그다지 크지 않아서 지구인들은 생각보다 매우 가까운 사이임을 깨달았습니다. 전 세계인 모두 한 고향 사람인 거죠."

뉴질랜드 원주민인 마오리족은 항해를 하던 민족으로 카누를 직접 만들었으며, 항해 시에는 별을 이용해 방향을 잡았습니다. 이런 항해는 매우 위험했기 때문에 선원들은 서로를 전적으로 믿어야 했죠. 함께 힘을 모아야 살아남을 수 있었으니까요.

그러한 감정을 뜻하는 마오리어 단어가 있습니다. '화나우아탕아Whanaungatanga.' 이것은 망망대해 위의 작은 배에 함께 탄 사람들이 느끼는 연대감을 뜻합니다.

끝없는 우주 속 작은 지구에서 우리가 느끼는 감정이기도 하고요.

TASK

1. 우주 비행사들의 온 시선을 빼앗아간 '우주에서 바라본 지구의 모

습'을 찾아보세요. 그 모습을 보고 어떤 생각이 들었는지 자유롭게
적어보세요.

2. 6단계 분리 이론Six Degrees of Separation을 아나요? 여섯 명의 사람들
만 거치면, 세상의 모든 사람들이 서로 다 연결된다는 이론이에요.
그 말이 맞는지 한번 시험해보세요. 다른 도시, 다른 나라, 심지어
는 다른 대륙에 사는 누군가를 정해 그와 연결 고리를 찾아보세요.

우주에서 본 지구의 모습이 시시각각 변하기 때문에, 알람 시계를 곁에 두고 창가에 앉아 있곤 했던 우주 비행사 니콜 스톳은 놀라운 순간들을 목격했습니다. 베네수엘라의 해안가에서는 그림으로 그린 듯한 파도를, 홍해에서는 하트 모양 섬을, 아마존 어딘가에서는 코를 들어 올리는 코끼리를 보았죠. 지구로 돌아온 니콜 스톳은 직업을 바꾸었습니다. 그녀는 화가가 되어 우주에서 보았던 모든 것들을 그리고 있답니다.

이다음에 뭐가 되고 싶은지 모르겠다고?

- 나의 선택이 답이다 -

로버트 새뮤얼Robert Samuel은 시간이 많았습니다. 그것도 아주, 아주 많이요. 일자리를 잃은 그는 다른 사람들과는 달리 줄을 서는 일이 전혀 힘들지 않았습니다. 어차피 할 일도 없었으니까요. 그래서 그는 한 가지 아이디어를 떠올렸어요.

'사람들에게 돈을 받고 대신 줄을 서준다고 하면 어떨까?'

로버트는 뉴욕에 삽니다. 이 도시는 늘 수많은 콘서트, 파티, 전시회 등이 열려서 줄을 설 일이 많았어요. 곧 로버트는 혼자 다 처리할 수 없을 만큼 많은 의뢰를 받게 되었죠. 그래서 그는 작은 회사를 차렸습니다. 그 회사의 줄 서기 기록은 순식간에 43시간이 되었고, 로버트는 직원들이 보다 편하게 줄을 설 수 있도록 캠핑용 의자와 손난로를 비롯한 도구들을 마련했습니다.

아르헨티나 출신인 세실리아 뱀비브레Cecilia Bembibre는 초원과 목장들에 둘러싸여 있으며, 항상 말들이 곁에서 뛰노는 시골에서 자랐습니다. 그녀가 부에노스아이레스로 이사했을 때 가장 먼저 느꼈던 건 냄새가 다르다는 점이었어요. 자동차들, 수많은 음식점의 다양한 냄새들… 하지만 건초 냄새는 전혀 찾아볼 수 없었죠.

오늘날 런던에 사는 그녀는 사라진 냄새들을 화학적 조합을 통해 구현해낸 다음 실험실에서 생산하여, 그것들을 지키는 일을 합니다. 얼마 전에는 오래된 책들의 냄새를 보존하고자 도서관에서 많은 시간을 보내기도 했어요. 그곳에서 그녀는 사람들이 잘 모르는 사실을 알게 되었습니다. 오래된 책에서는 항상 옅은 바닐라 향이 난다는 것이었죠.

세상에는 변호사, 그래픽 디자이너, 의사, 세무사, 미용사, 부동산 중개사 등이 있습니다. 또 세실리아 뱀비브레(향 보존가)와 로버트 새뮤얼(줄 서기 대행인) 같은 사람들도 있죠.

도쿄에는 지하철에서 승객을 밀어주는 일을 하는 사람도 있

어요. 그들이 일을 잘하면 지하철에 30명이 더 탈 수 있어요.

영국의 어떤 사람들은 백조의 수를 세는 일로 돈을 벌기도 합니다.

또 안면 인식 전문가, 채소 조각가, 워터 슬라이드 테스터도 있죠.

이런 직업들을 직업 도감에서는 찾을 수 없을 거예요. 그러니까 여러분도 나중에 무엇이 될지 잘 모르겠다고 해서 걱정할 필요가 없답니다.

어쩌면 여러분이 새로운 직업을 창조해낼 수도 있을 테니까요.

TASK ─────────────────────────────────────

1. 세실리아 뱀비브레는 "냄새가 중요한 이유는 기억을 일깨우기 때문"이라고도 합니다. 그녀는 아침마다 고향에서 즐겨 마시는 마테 차를 우릴 때면 아르헨티나로 순간 이동을 한 기분을 느끼죠.
여러분의 부모님과 조부모님에게 어떤 냄새가 어린 시절의 기억을 떠올리게 하는지 여쭤보고, 그에 대한 대답을 여기에 적어보세요. 어떤 냄새들이 있나요?

2. 사과로 개구리를 조각할 수 있나요? 준비물은 다음과 같아요.

- 녹색 사과 1개

- 당근 1개

- 포도 4알

- 작은 볼 모양 모차렐라 1개

- 올리브 1알

- 이쑤시개 8개

사과의 한쪽을 잘라내 사과를 세웁니다. 그런 다음 칼로 사과에 V자 모양 홈을 파내세요. 여기가 개구리의 입이 될 부분입니다.

모차렐라 볼은 반으로 자르고, 올리브는 작고 동그란 조각 두 개가 나오도록 자른 다음, 이쑤시개 두 개로 모차렐라 위에 고정합니다. 이것을 사과 위쪽에 꽂으면 개구리의 눈이 됩니다.

이번에는 당근을 혀 모양으로 잘라 V 자 홈에 끼웁니다.

포도 한 알을 반으로 잘라 작게 홈을 몇 개 파낸 뒤 이쑤시개를 이용해 사과 밑부분에 고정합니다. 자르지 않은 포도 한 알과 절반으로 자른 포도 조각을 이쑤시개에 꽂아 뒷다리를 만듭니다. 반대쪽도 똑같이 합니다.

이제 앞다리와 뒷다리까지 다 갖춘 개구리가 완성되었습니다.

3. 나만의 장점이나 독특한 취향이 있다면 자유롭게 적어보세요. 어쩌면 이 독특한 취향이 내가 하고 싶은 일로 연결될지도 몰라요. 나의 취향과 기호로 할 수 있는 일은 무엇이 있을지 상상해보세요.

BREAK ——————————————— 알고 있나요?

암스테르담국립미술관에는 나폴레옹이 참전한 워털루전투를 그린 그림이 걸려 있습니다. 그 그림 앞에 서면 당시 상황을 눈으로 볼 수 있을 뿐만 아니라 냄새도 맡을 수 있는데, 이는 전시 담당자가 말, 땀, 화약과 나폴레옹이 좋아했던 향수 냄새를 풍기는 줄을 걸어놓았기 때문입니다.

일본의 고등학교 교사였던 요시다 히데후미는 '눈물 선생님'이라는 직업을 갖고 있어요. 말 그대로 눈물을 연구하는 거죠. 그는 상담하러 온 학생이 실컷 울고 난 뒤 한결 편안한 표정을 짓는 걸 보고, 눈물 연구를 시작했다고 합니다.

헨더슨섬을 알고 있니?

- 내가 버린 쓰레기는 어디로 갈까 -

해양학자 제니퍼 레이버스Jennifer Lavers 박사는 어느 날 호주 호바트에 있는 그녀의 사무실에 앉아 있었습니다. 그녀는 할 일이 많았지만, 그래도 잠시 산책을 하고 싶었어요. 그래서 구글 맵을 켜고 헨더슨섬 해변을 가상으로 걷기 시작했죠.

그 섬은 세계에서 가장 한적한 장소로 손꼽힙니다. 때 묻지 않은 아름다움 덕분에 유네스코 세계유산으로 선정되었으며, 특히 하얀 모래사장이 유명하죠. 하지만 제니퍼가 사무실에 앉아 가상 산책을 했던 해변은 하얗지도 깨끗하지도 않았고, 온 갖 색깔의 플라스틱들로 가득했습니다.

제니퍼는 더 자세히 보기 위해 진짜 헨더슨섬을 찾기로 결심했습니다. 하지만 그곳에 가기란 결코 쉽지 않았어요. 우선 타히티로 날아가서, 일주일에 딱 한 번 헨더슨섬 근처의 작은 섬으로 가는 비행기로 갈아타야 했죠. 다행히 거기서 만난 친절한 선원들 덕분에 그녀는 무사히 헨더슨섬에 내릴 수 있었어요.

도착하자마자 제니퍼는 주위의 수많은 병들과 그물들을 발견했어요. 그 밖에도 칫솔, 면도기, 신발 끈, 빨래 바구니, 헬멧, 고장 난 냉장고 문 등이 보였습니다. 그 물건들은 모든 대륙들, 그리고 24개 나라들(독일, 캐나다, 아르헨티나, 영국 등)로부터 온 것이었어요.

그런데 그것들은 어떻게, 사람이 찾아가기 힘든 곳까지 흘러가게 되었을까요?

헨더슨섬은 온 세상 쓰레기들이 모이는 바다 소용돌이의 중심에 자리 잡고 있습니다. 그 쓰레기들이 해안으로 밀려들어 섬에 머물게 되었던 거죠.

제니퍼는 3개월 내내 그곳에 머물며 날마다 쓰레기를 세었습니다. 그녀는 1제곱미터당 700개의 플라스틱 조각들을 찾았으며, 매일 3750개가 새로 밀려든다는 사실을 확인했어요.

헨더슨섬은 지구의 쓰레기장이 되어버렸습니다. 하지만 우리가 힘을 합치면 그것을 막을 수 있어요. 다행히 쓰레기를 줄일 기회는 매일 있으니, 여러분은 당장 오늘부터 시작할 수 있답니다.

TASK ─────────────────────────────────────

1. 제니퍼 레이버스 박사는 10여 년 전 연구 중 바닷새의 배 속에서 병뚜껑, 볼펜 뚜껑 등 온갖 플라스틱을 발견했습니다. 통계로 따지면 바닷새의 75퍼센트에서 플라스틱이 조각이 나왔는데, 이제는 거의 모든 새의 배 속에서 발견된다고 합니다.
이런 사례를 좀더 찾아보고, 어떤 연구들이 진행되고 있는지 알아보세요.

2. 제니퍼가 발견했던 것을 보고 싶다면, 구글 맵에서 헨더슨섬을 찾은 다음 노란색 사람을 끌어다 동쪽 해안 아랫부분에 놓은 뒤 걸어가보세요.

3. 여러분의 가족이 하루에 쓰레기를 얼마나 많이 버리는지 적어보세요. 빠짐없이 기록한 다음, 어떤 플라스틱 폐기물을 줄일 수 있는지 생각해보세요.

_____

_____

_____

_____

4. 쓰레기를 이용해 예술 작품을 만들어보세요. 그것을 사진으로 찍어서 아래에 붙여보세요.

네덜란드 출신인 보이안 슬랏Boyan Slat은 열여섯 살밖에 안 되었을 때 해양오염을 막는 일을 하기로 결심했습니다. 그로부터 몇 년 지나지 않아 그는 거대한 팔로 플라스틱을 수거하는 '바다 청소 기계'를 고안해냈답니다.

3부

나를 향해
웃을 수 있다면
어른이 된 거야

커피가 없어도 괜찮은 커피 타임

- 간식보다 달콤한, 함께하는 기분 -

'기길Gigil'을 아나요?

'모르겠는데.' 아마 여러분은 이렇게 생각할 거예요. '기길이 대체 뭐지?'

여러분에게 남동생이나 여동생, 또는 강아지나 고양이, 토끼가 있다면 분명 기길에 대해 알 거예요. 기길은 필리핀어로 '너무 귀여워서 꼬집어주고 싶다'는 말이랍니다. 그러니까 다음에 남동생이 사랑스러운 마음에 꼭 껴안는다면, 여러분은 기길의 순간을 경험하게 되는 거죠.

기길처럼 번역이 불가능해서 다른 말로 설명해야만 하는 개

념들이 많습니다.

'네코 네코Neko Neko'는 인도네시아어로, '문제를 해결할 수 있을 것처럼 행동하지만, 결국에는 일을 더 악화시키는 사람'을 일컫는 말입니다.

'모키타Mokita'는 파푸아뉴기니어로, '누구나 다 알지만 아무도 감히 말하지 못하는 진실'을 뜻하죠.

'일룽가Ilunga'는 콩고어로, '어떤 모욕을 당했을 때 처음에는 아무렇지 않게 넘기고, 두 번째에도 참지만, 세 번째에는 결코 용서하지 않는 사람'을 말합니다.

하와이에서 '파나 푸Pana Poo'는, '뭔가 중요한 일을 기억해내려고 머리를 긁적이는 것'을 의미해요.

이스터섬에서 '팅고Tingo'란, '어떤 사람이 누군가로부터 물건을 너무 많이 빌려가서 결국 아무것도 남지 않게 만드는 것'을 말하죠. 따라서 팅고는 여러분이 꼭 배울 필요는 없을 것 같아요.

또 '아타오소Ataoso'가 되어서도 안 될 거예요. 이는 중앙아메리카에서 '어떤 상황에서든 트집을 잡는 부정적인 사람'을 일컫는 말이니까요.

마찬가지로 여러분이 '익트수아르포크Iktsuarpok'를 할 일도 없기를 바랄게요. 이건 이누이트어로 '오기로 한 사람을 기다리며 자꾸 집 앞에 나가보는 것'을 말한답니다.

하지만 한 가지는 반드시 알아두도록 하세요. 바로 '피카Fika'를 말이에요.

피카는 스웨덴어로 '커피 타임'을 뜻해요. 그런데 피카에 커피가 없을 수는 있어도, 사람들이 없어서는 안 됩니다. 피카는 꼭 가족이나 친구들과 함께해야 하며, 하루 중 15분 동안은 열일 제쳐두고 다 같이 무언가를 먹거나 마시는 시간입니다.

이제부터 여러분도 피카를 즐겨보세요. 꼭 커피가 아니어도 돼요. 코코아나 주스를 마셔도 좋지만, 절대 혼자여서는 안 된다는 걸 명심하세요.

TASK ——————————————————

1. 과자 통이 있나요? 있다면, 아주 잘됐네요. 성공적인 피카의 첫 번째 조건이 충족된 것이니까요. 만약 없다면 당장 하나 마련하세요. 낡은 깡통에 색칠을 하고 꾸민 다음, 속을 가득 채우세요. 피카를 경

험해본 사람들은 다 알 테지만, 피카에는 항상 과자가 필요하답니다. 또 과자 통에 과자가 많을수록, 피카에 손님들이 참여할 가능성이 더 커지죠.

아래에 여러분의 과자 통 사진을 붙여보세요.

2. 피카는 항상 좋지만 시나몬 롤이 있으면 더욱 좋다고, 스웨덴인들은 생각합니다. 여러분도 주말에 직접 만들어볼 수 있도록 아래에 레시피를 소개할게요. 그러면 여러분이 피카 때 가족들을 부를 필요도 없이, 다들 냄새를 맡고 알아서 모여들 거예요….

기본 재료

· 버터 150g

· 우유 500ml

· 생효모 50g

· 설탕 150g

- 카다몬 가루 1작은술
- 소금 1꼬집
- 밀가루 1000g

필링 재료
- 버터 75g
- 갈색 설탕 100g
- 계피 1큰술
- 달걀 1개(반죽 위에 바를 것)

버터를 녹인 다음 우유를 부어 데웁니다. 여기에 효모를 넣고 녹입니다. 밀가루, 설탕, 소금, 카다몬 가루를 넣습니다. 충분히 반죽한 뒤 30분간 그대로 둡니다(천으로 덮어두면 더 좋습니다). 반죽을 세 덩어리로 나눈 다음, 밀대를 이용해 각각 납작한 직사각형 모양으로 밉니다.

필링 재료 중 버터, 설탕, 계피를 섞은 뒤 반죽 위에 바릅니다. 반죽을 돌돌 말아 롤 모양을 만든 다음 약 4센티미터 두께로 자릅니다. 자른 단면이 밑으로 가도록 오븐 팬 위에 올린 뒤, 다시 30분간 그대로 둡니다. 반죽 위에 달걀 물을 바른 뒤 180도로 예열한 오븐에 넣고 12~15분간 굽습니다.

여러분이나 가족들의 선호에 맞게 변형시킨 레시피도 만들어보세요. 계피 향이 더 강하거나 버터 맛이 더 많이 나기를 원할 수도 있으니까요.

3. 과자 통과 디저트가 준비되었다면, 이번 주말엔 친구들을 초대해 피카를 즐겨보세요. 달콤한 간식만큼이나 나를 즐겁게 했던 대화가 있었다면 적어보세요.

_____

_____

_____

_____

_____

BREAK ——————————————— 알고 있나요?

스웨덴에서 10월 4일은 시나몬 롤의 날입니다. 여러분은 어떤 기념일을 만들고 싶은가요? 지금 바로 달력에 날짜를 표시하고, 그날 무엇을 하고 싶은지 생각해보세요.

물이 반이나 남은 컵에만
행복이 있는 건 아냐

- 긍정적인 생각이 꼭 좋은 것일까 -

여러분은 컵에 물이 '반밖에 없다'와 '반이나 남았다'의 차이는 관점의 문제일 뿐이라는 말을 들어보았을 것입니다. 대부분 사람들은 답을 이미 정해놓고 그 말을 하죠. 당연히 컵에 물이 '반이나 남았다'고 말해야 한다고요.

우리는 긍정적으로 생각해야 하고, 절대 포기해서는 안 된다고 배웁니다.

하지만 그건 어리석은 소리입니다.

컵에 물이 정말 반밖에 없는 경우도 있을 수 있고, 속이 상하거나 화가 날 만한 이유가 있을 수도 있어요. 그러므로 무조건 기분 좋게, 긍정적으로 행동하라는 말은 듣지 마세요.

어쩌면 여러분은 부모님한테서 그런 말을 들어봤을 거예요. 화나는 일이 생겼을 때 부모님은 그것이 화낼 일이 아니라고 여러분을 설득하며, 완전 '네코 네코'한(이게 무슨 뜻인지 이제 잘 알 거예요) 말들을 하시죠.

"흥분하지 마."
"금방 괜찮아질 거야."
"그렇게 슬픈 표정 짓지 마."

하지만 내가 한 가지 제안을 할게요.

그런 말들에 귀 기울이지 마세요.

부모님이 여러분을 달래려는 건 여러분의 감정이 잘못되어서가 아니에요. 그보다는 부모님이 자기 아이가 기분이 나쁜 상황을 견디기 힘들어하기 때문이에요. 부모님들은 자녀의 인생이 마치 예쁜 목걸이처럼 반짝반짝 빛나는, 행복한 순간들로만 가득하기를 바라니까요.

그러나 그런 바람을 여러분이 들어줄 수는 없답니다. 인생의 목걸이에는 절망과 분노의 순간들도 엮이기 마련이죠.

또 물이 '반이나 남은' 컵에서만 인생의 행복을 찾을 수 있다는 믿음 역시 잘못된 거예요. 사실 기쁨, 감사와 마찬가지로 화, 슬픔의 감정도 기꺼이 경험하는 사람, 그런 감정을 가져도 된다는 걸 아는 사람이야말로 가장 행복한 사람이죠.

만약 정말로 넘칠 듯이 꽉 찬 컵이 있다면 기뻐하세요. 그러다 어떤 바보가 물을 마셔버리거나 엎질러서, 물이 절반으로 줄거나 컵이 완전히 비어버린다면? 마구 화를 내며 컵을 벽에다 휙 던져버려도 안 된다는 법은 없답니다.

TASK ────────────────────────────────

1. 감사 일기 대신 분노 일기를 써보세요.

사람의 감정은 다른 사람의 기대에 따라서 형성되기도 합니다. 예전보다는 나아졌다고 해도, 여전히 남자는 울면 안 된다고 생각하는 사람이 많죠. 그래서 많은 남성들이 때로는 슬픔을 억누르고 대신 화를 내곤 합니다. 반대로 여성들은 보통 분노를 내보이지 않아요. 앞으로 며칠간 여러분의 부정적인 감정들을 기록하고, 슬픔과 분노를 혼동하지는 않았는지 생각해보세요. 여러분은 언제 슬프고, 언제 화가 났나요? 또 둘 중 어떤 감정인지 잘 알 수 없었던 때는 언제였나요?

2. 며칠간 분노 일기를 쓰며 내 감정을 온전히 알아차리는 연습이 되었다면, 이제 분노를 비롯한 여러 감정을 건강하게 표출하는 방법도 생각해보세요. 앞서 말했듯이 슬픔, 화 같은 감정 자체가 나쁜 건아니에요. 하지만 이를 잘못 표현하면 나와 상대방에게 상처로 남을 수 있기에, 감정을 잘 표현하는 것이 중요하거든요.

모순처럼 들릴 수도 있지만, 슬픈 음악이 행복감을 줄 수도 있다고 합니다. 여러분이 가장 좋아하는 슬픈 음악은 무엇인가요?

여드름 긍정하기

- 인터넷, 독과 약 -

인터넷은 시간과 에너지를 빼앗아갑니다. 중독성이 강하고, 외로움과 우울함을 느끼게 하기 때문에 여러분이 부모님의 인터넷 사용을 줄이는 노력까지 했던 거죠.

하지만 인터넷을 하되, 현명하게 사용하는 방법이 있습니다. 그에 관한 세 가지 이야기를 소개할게요.

2019년 남부 캘리포니아에 있는 워커캐니언이 아름다운 양귀비꽃들로 뒤덮였습니다(겨울에 비가 많이 온 덕분이었어요). 골짜기 전체가 주황색으로 물들었고, 곧 인터넷도 그렇게 되었죠. 1만여 명의 사람들이 'Superbloom(슈퍼블룸)'이라는 해시태그를 단 양귀비꽃 사진을 올렸던 거예요. 그들은 산책로를 벗어나 꽃들을 짓밟고, 심지어 꺾기까지 했어요.

자신을 스티브라고 소개한 한 남성은 화가 났습니다. 그는 자기 계정(@publiclandshateyou)을 통해, 인스타그램 업로드를 위한 연출들이 자연에 어떤 상처를 남기는지를 보여주었죠.

해나 브렌처Hannah Brencher는 뉴욕으로 이사한 뒤 전에 없던 외로움을 느꼈습니다. 불과 얼마 전에 남자친구와 헤어진 데다가, 뉴욕이라는 도시는 그녀에게 한없이 크게만 느껴졌죠.

그러던 어느 날, 그녀는 지하철에서 마치 거울에 비친 자신을 보는 듯 너무도 우울해 보이는 한 여성과 마주쳤습니다. 해나는 서둘러 짧은 편지를 적어서 그녀의 외투 주머니에 넣었죠. 그때부터 해나는 그런 편지를 여러 번 다른 사람들의 주머니에 넣게 되었습니다. 그녀의 편지를 받은 사람들은 누군가가 자신의 괴로움을 이해해준다는 위로를 받게 되었고요.

그 모든 일이 해나에게는 자기 자신의 고통을 극복할 만한 기쁨이 되었습니다. 이제 그녀는 편지를 쓰고 싶어 하는 사람들과 편지를 필요로 하는 사람들을 서로 이어주는 웹 사이트를 운영하고 있답니다.

여러분은 아마 이런 사진을 본 적이 있을 거예요. 한 소녀가 세면대 위에 앉아 립스틱으로 거울에 뭔가를 적고 있는 사진을 말이에요. 인스타그램에서 흔히 볼 수 있는 사진이죠.

킴 브릿Kim Britt 역시 그런 사진을 자신의 피드에 올렸습니다. 단 그녀가 립스틱 자국을 열심히 지우고 있는 사진도 함께 올렸죠. 킴 브릿의 인스타그램 계정은 'embracing_reality'입니다. 그녀는 종종 두 장의 사진을 함께 올리곤 하는데, 그것은 각각 인스타그램 속 미화된 세계와 현실 세계를 나타낸답니다.

예를 들어, 첫 번째 사진에서 캠핑카 안에 서 있는 그녀는 예쁜 치마를 입은 채 활짝 웃으며 식사 준비를 위해 칼질을 하고 있어요. 두 번째 사진에서 그녀는 머리가 헝클어져 있고 다 늘어난 스웨터를 입고 있죠. 비좁은 캠핑카 안에는 온갖 물건들이 널려 있고요.

또 이런 사진도 있습니다. 첫 번째 사진에서는 그녀가 눈을 크게 뜨고 예쁘게 미소를 지으며 카메라를 올려다보고 있어요. 반대로 두 번째 사진은 카메라를 내려다보는 모습으로, 두 눈은 거의 감긴 듯하고 턱은 두 겹으로 접혀 있죠.

인터넷을 보다 진실성 있는 곳으로 변화시키기를 원하는 사람들이 늘어나고 있습니다. 그들은 'Acnepositivity(여드름 긍정하기)' 'Realitycheck(현실 자각)' 'Filterdrop(필터 버리기)' 같은

해시태그를 달고 여드름, 다크서클, 뱃살을 숨기지 않은 무보정 사진들을 올린답니다.

1. 친구들과 한 가지 실험을 해보세요. 《옥스퍼드 주니어 사전》에서 빠진 단어들 중 하나를 찾아 인스타그램의 해시태그로 사용하는 거예요.

   여러분의 실험이 #물총새, #미나리아재비, #목초지 같은 단어들을 인터넷에 퍼지게 하는 데 도움이 되었나요?

   _____

   _____

   _____

   _____

   _____

2. #blacklivesmatter(흑인의_목숨도_소중하다), #metoo(미투), #ice bucketchallenge(아이스버킷_챌린지)처럼 세상에 목소리를 내고,

사람들을 연결해주는 인터넷 운동의 사례가 많죠. 여러분이 알고
있는 인터넷의 선한 이용 사례는 또 무엇이 있나요?

_____

_____

_____

_____

_____

'이것 없는 인터넷은 상상할 수 없다.' 여기서 '이것'은 바로 고양이 동영
상입니다. 고양이 동영상은 그 수가 너무도 많아서, 오히려 그것 때문
에 인터넷이 생겨난 게 아닌가 싶을 정도죠. 유튜브에서 고양이 영상만
큼 사랑받는 영상은 없습니다. 여러분도 보고 싶다면, 말하는 두 마리
고양이 동영상을 찾아보세요. 그보다 '기길'한 것은 아마 없을 거예요.

로자는 떠났지만 영원히 남은 것

- 모든 일의 시작엔 'ㅇㅇ'가 있다 -

기관총을 든 남자는 긴장한 듯 보였습니다. 이리저리 서성이던 그는 어느 집 벽에 기대어 섰습니다. 때는 1961년 8월 15일, 독일은 동독과 서독으로 분단되어 있었습니다. 베를린 역시 분단되어 있었는데, 동베를린을 떠나려는 사람이 너무 많아서 독일민주공화국(DDR, 동독의 정식 명칭-옮긴이)은 도시 한가운데에 벽을 세우기로 결정했어요.

기관총을 든 남자의 이름은 콘라트 슈만Konrad Schumann, 나이는 열아홉 살이었습니다. 본래 그는 작센주의 엘베강 근처 경사지에 있는 목장에서 양이 도망가지 못하게 지켜보는 양치기였어요. 하지만 이제는 동독에서 사람들이 도망치지 못하게 지키는 신세가 되었던 것입니다.

아직 철조망 하나뿐이던 그때도 끔찍한 일들이 일어났습니다. 수비병으로서 국경을 지키던 콘라트는, 동쪽에 사는 할머니 집에 방문했던 한 소녀가 서베를린으로 다시 돌아가지 못하게 된 모습을 목격했어요. 소녀의 부모는 철조망으로부터 불과 몇 미터밖에 떨어지지 않은 곳에서 딸을 기다리고 있었는데 말이에요.

콘라트의 마음이 흔들리기 시작했습니다. 그는 철조망으로 다가가, 그것을 살짝 눌러보았습니다. 그리고 몇 걸음 뒤로 물러나더니 힘차게 달려가 철조망을 뛰어넘었죠.

철조망을 넘어, 서쪽으로. 그의 총도 바닥에 떨어졌어요.

그 순간을 촬영한 사진은 〈자유를 위한 도약〉이란 제목으로 전 세계에 퍼져나갔습니다. 아무도 달아나지 못하게 막아야 할 사람이 달아나는 모습이 매우 상징적이었던 거죠. 하지만 콘라트의 행동에는 개인적으로 아픈 결과가 따랐습니다. 그는 자신이 양을 돌보았던 엘베강의 목장과 형제자매들을 수년간 보지 못했어요. 또 훗날 통일이 되어 고향으로 돌아갔을 때, 혼자만 살겠다고 탈출했다며 사람들의 냉대를 받아야 했죠.

1955년 12월 1일, 오후 6시가 조금 넘은 시각. 미국 앨라배

마주 몽고메리의 백화점 수선실에서 일하는 로자 파크스Rosa Parks는 퇴근 후 집으로 돌아가는 길이었습니다. 2857번 버스에 탄 그녀는 아무 자리에나 앉을 수 없었습니다. 1955년 앨라배마주에서는 여전히 인종차별적인 법이 시행되고 있어서, 버스에는 흑인과 백인의 좌석이 따로 정해져 있었거든요. 앞쪽 좌석들은 백인용, 뒤쪽 좌석들은 흑인용이었고, 그 중간 구역은 모두가 앉을 수 있었죠.

흑인인 로자 파크스는 중간 구역에 있는 초록색 의자에 앉았고, 곧 버스가 출발했습니다. 세 번째 정류장에서 백인 몇 명이 탑승하자, 버스 기사는 로자에게 자리에서 일어나 뒤쪽으로 가라고 외쳤습니다. 그러나 그녀는 아무 반응도 하지 않았어요.

"왜 안 일어나는 거요?" 버스 기사가 참지 못하고 물었습니다.

"일어날 필요가 없는 것 같아서요." 그녀가 대답했습니다.

"안 일어나면 경찰을 부를 겁니다. 그럼 당신은 체포될 거요." 버스 기사가 말했습니다.

"부르려면 부르세요." 로자는 이렇게 대답하고는 그대로 앉아 있었습니다.

어쩌면 로자 파크스가 나이가 많아서, 혹은 하루 종일 재봉틀 앞에 앉아 일하느라 지쳐서 자리를 옮기고 싶어 하지 않았다고 생각할지도 모르겠네요. 하지만 사실은 그렇지 않습니다. 로자는 마흔두 살이었고, 그날 저녁 그녀가 힘들었던 건 일 때문이 아니었어요. 후에 그녀는 이렇게 적었습니다.

'나는 항상 양보하는 데 지쳤습니다.'

결국 로자 파크스는 감옥에 가게 되었습니다. 벌금을 내고, 일자리를 잃어야 했죠. 끝내 다른 일자리를 찾지 못해 고향을 떠나야 했고요.

그러나 그녀가 그날 저녁 몽고메리의 그 버스에서 자리를 양보하지 않았던 행동은 세상을 움직였습니다. 앨라배마주에서 보이콧이 일어난 것이죠. 흑인들은 버스를 타지 않고 대신 흑인 택시 기사들의 도움으로 저렴한 카풀 그룹을 조직했습니다. 저항은 수개월간 계속되었고, 1956년 마침내 연방 대법원은 버스 내 구역 분리를 폐지했습니다.

두 용감한 사람들에 관한 이야기를 해보았습니다.

한 명은 뛰어넘었고, 한 명은 앉아 있었죠.

살다 보면 뛰어넘어야 할 때도 있고, 앉아 있어야 할 때도 있을 거예요.

어떤 상황에 어느 행동이 옳은지 결정하는 건 여러분의 몫이랍니다.

1. 콘라트 슈만이 철조망을 뛰어넘은 지 몇 년 뒤, 그 지점으로부터 얼
   마 떨어지지 않은 곳에 서베를린 사람들이 비밀 터널을 뚫어 57명
   의 동베를린 사람들이 도망칠 수 있었습니다. 그 이야기를 찾아 읽
   어보세요.

2. 지난 며칠간 여러분은 어떤 부당함을 목격했으며, 그것에 어떻게
   대처했나요?

   _____

   _____

   _____

   _____

   _____

   _____

3. 부당함에 대항하거나, 결정적 순간에 올바로 행동하기 위해서는
   '용기'가 필요합니다. 용기를 내고 싶었지만 그러지 못한 경험이 있
   나요? 어떤 마음이 용기를 내지 못하게 했는지 적어보세요.

전산학자 조이 부올람위니Joy Buolamwini는 안면 인식 프로그램을 테스트할 때, 가끔씩 룸메이트의 얼굴을 빌려야 했습니다. 조이 부올람위니는 흑인이고 룸메이트는 백인이었는데, 그 프로그램은 룸메이트의 얼굴에만 반응했던 것이죠. 당시 조이 부올람위니는 그에 대해 더 이상 생각하지 않았지만, 몇 년 뒤 비슷한 일이 또 벌어졌습니다. 한 프로그램에서 그녀가 하얀 마스크를 꼈을 때에만 그녀를 인식한 것이죠.

인터넷이 이토록 인종차별적인 이유는, 대부분의 프로그래머들이 백인이라 코딩을 할 때 백인의 사진만 사용했기 때문이었답니다.

브라운슈바이거의 기적

- 조건 없이 주는 마음이란 -

모든 건 〈브라운슈바이거 차이퉁〉의 기사로부터 시작되었습니다. 신문에는 강도를 당하고 난 뒤 잔뜩 겁에 질려, 혼자서는 다니지 못하게 된 한 여성의 이야기가 실려 있었죠. 그녀는 범죄 피해자를 돌보는 단체의 도움을 받은 후에야 그러한 경험을 극복하게 되었습니다.

기사가 나온 지 얼마 되지 않아, 그 단체의 사무실에 흰 봉투 하나가 도착했습니다. 봉투에는 연보라색 500유로 지폐로 총 1만 유로(약 1400만 원)와 깔끔하게 오린 신문 기사가 들어 있었죠.

이후로도 익명의 기부는 계속되었습니다. 그 후 몇 개월간 무료 급식소, 여러 유치원뿐 아니라 박물관 한 곳도 돈이 든 봉투를 받았어요. 항상 그곳에서 하는 일이 보도된 뒤였고, 봉투에는 매번 신문 기사가 동봉돼 있었죠.

한 호스피스(죽음이 가까운 환자가 평안한 임종을 맞도록 하는 시설)의 직원은 발 매트 밑에서 봉투를 찾았고, 어느 목사는 교회에 있던 기도서 사이에서 그것을 발견했습니다.

톰이라는 열네 살 소년도 봉투를 받았습니다. 한 기자가 수영을 하다 사고로 장애를 갖게 된 톰의 이야기를 취재한 뒤였죠. 기자는 1만 유로와 자신이 쓴 기사가 담긴 봉투를 받았고, 확인해보니 기사 속 톰의 이름에 밑줄이 쳐 있었습니다. 그래서 그 돈은 톰의 부모에게 전달되었죠.

사람들은 이 비밀스러운 기부를 '브라운슈바이거의 기적'이라 부릅니다.

누가 그 많은 돈을, 어떤 칭찬이나 감사도 바라지 않으며 사람들에게 베풀었는지 모두 알고 싶어 하죠.

하지만 기부자가 누구인지는 아직도 밝혀지지 않고 있답니다.

이 이야기 속 기부가 '기적'이라 불리는 이유는 무엇일까요. 기부는 원래 대가 없이 하는 행동이라지만, 그럼에도 어떤 것도(칭찬이나 감사하는 마음까지도) 바라지 않는, 조건 없이 주는 마음 때문 아닐까요.

TASK ——————————————————————

1. 영국의 역사학자 토머스 칼라일Thomas Carlyle은 말했어요. "몰래 하는 선행은 땅속을 흐르며 대지를 푸르게 가꾸어주는 지하수 줄기와 같다." 어쩌면 내가 존재할 수 있는 이유도 수많은 사람들의 보이지 않는 선행 덕분인지도 몰라요.

요즘 같은 '기브 앤드 테이크의 시대', 선행이 더 값진 이유에 대해 생각해볼까요?

2. 친구에게 익명으로 '나 너 좋아해' 편지를 써보세요. 친구가 알아보지 못하게 글씨체를 바꾸고 ×××('키스'라는 뜻-옮긴이)라고 서명하세요. 누구한테, 어떤 내용으로 편지를 썼나요?

_____

_____

_____

_____

_____

_____

3. 사람들이 무언가(집 나간 고양이, 잃어버린 인형, 얼마 전에 마주친 웃긴 사람 등)를 찾기 위해 신호등이나 나무에 붙여둔 쪽지를 본 적 있을 거예요. 쪽지 아래에는 그것을 쓴 사람의 이름, 전화번호, 이메일 주소 등이 적혀 있고, 필요하면 뜯을 수 있게 되어 있죠.

사람들이 자기에게 가장 필요한 것을 뜯어갈 수 있는 쪽지를 적어서 붙여보세요. 예를 들어 사랑, 기쁨, 용기, 에너지, 희망이 있겠죠. 그 밖에 여러분이 떠올릴 수 있는 것들을 적어도 좋아요.

여러분이 만든 쪽지를 사진으로 찍어서 다음 페이지에 붙여보세요.

4. 남모르게 하는 선행처럼 좋은 비밀도 있지만, 감추면 부담이 되는 비밀도 있습니다. 여러분한테 그런 비밀이 있다면, 누군가에게 털어놓아야 해요. 여러분의 비밀을 털어놓을 수 있는 사람이 누구인지 적어보고, 가능하면 빨리 그 사람과 대화를 나눠보세요.

_____

_____

_____

_____

_____

BREAK ─────────────────────────── 알고 있나요?

사람은 평균 열세 가지 비밀을 갖고 있으며, 그중 다섯 가지는 아직 아무한테도 말하지 않은 것이라고 합니다.

둘도 없는 친구, 므지와 오언

- 친구는 몇 명이 좋을까 -

우리가 센티널인이라 부르는 사람들이 쓰나미를 잘 견뎌냈던 것을 기억하나요?

케냐에서는 인도양 근처 강가에 사는 하마 떼가 불시에 파도를 만난 적이 있습니다. 그때 무리와 떨어지게 된 새끼 하마 한 마리가 홀로 암초 위에 있는 것을 사람들이 발견했죠. 그들은 하마를 구하려 했지만, 아무리 작은 새끼 하마라도 무게가 300킬로그램에 달하기 때문에 구조 작업은 결코 쉽지 않았습니다.

오언이라는 한 남성이 마침내 구조에 성공했고, 그의 이름을 딴 새끼 하마는 몸바사 근처의 동물원으로 가게 되었습니다.

하마 '오언'은 연못과 진창이 있는 우리 안에서 살게 되었는데 거기에는 '므지'라 불리는, 그다지 우호적이지 않은 130살먹은 거북이도 있었습니다.

오언은 우리에 들어가자마자, 므지 뒤로 가서 몸을 웅크렸습니다.

므지는 쉬쉬 소리를 내며 기어가버렸죠.

오언은 므지의 뒤를 따라갔습니다.

므지는 다시 화를 내듯 쉬쉬거렸고요.

그런 상황은 하루 종일 이어졌습니다.

어느 날 아침, 사육사는 그 둘이 나란히 있는 모습을 발견했습니다. 보아하니 오언이 다가와 몸을 비비는 걸 므지가 받아준 모양이었어요. 사육사는 오언이 아무것도 먹지 않아서 걱정했는데, 그 문제 역시 므지 덕분에 해결되었습니다. 오언은 므지만 곁에 있으면 먹이를 잔뜩 먹었거든요.

결국 므지와 오언은 먹이를 함께 먹을 뿐 아니라, 서로 코를 비비게 되었어요. 둘은 하마의 말도, 거북이의 말도 아닌 말로 서로를 이해하게 되었습니다. 또 오언은 므지의 발을 깨물어 자기가 원하는 방향으로 기어가게 만들기도 했죠.

동물들에게 친구가 필요한 것처럼, 여러분에게도 친구가 필

요합니다.

처음에는 여러분과 전혀 맞지 않았던 사람이 가장 친한 친구가 될지도 모른답니다.

어쩌면 친구가 되는 데에 가장 큰 걸림돌은, 언어도 나이도 아닌 닫힌 마음이 아닐까요?

TASK ────────────────────────────────

1. 동심원 네 개를 그려보세요. 가장 안에 있는 원에는 여러분이 있습니다. 그다음 원에는 여러분과 가장 친한 친구들을, 그다음 원에는 어느 정도 친한 친구들을, 가장 바깥 원에는 여러분이 좋아하긴 하지만 그다지 친하지 않은 친구들을 적어보세요.

2. 친구와 헤어져야 했던 적이 있나요? 만일 그렇다면, 그 이유는 무엇이었나요?

_____

_____

_____

_____

_____

_____

3. 여기 여러분이 고민해볼 만한 문제들이 있습니다.

· 친구가 많은 게 중요하다고 생각하나요?

· 여러분이 생각하는 좋은 친구란 무엇인가요?

· 좋은 친구가 되는 방법은 무엇인가요?

· 친구끼리는 항상 솔직해야 할까요?

· 친구 사이가 뭔가 잘못되었다는 걸 알려주는 신호는 무엇일까요?

· 만나자마자 친구가 되는 경우도 있을까요?

· 서로 닮은 것과 완전히 다른 것 중, 어느 쪽이 친구가 되기에 더 좋을까요?

4. 보고 싶은 친구가 있나요? 그렇다면 앞으로 며칠 내로 그 친구에게 연락해보세요.

BREAK ─────────────────── 알고 있나요?

군집 생활을 하는 홍학은 그 무리의 수가 100만 마리에 달하지만, 그 안에서도 항상 2~5마리끼리 모여서 지낸다고 합니다.

침묵과 소음의 음악, 〈4분 33초〉

- 고요, 나를 만나는 시간 -

뉴욕에서 두 시간 거리에 있는 숲속 한가운데에 콘서트홀이 하나 있습니다. 1952년 8월의 어느 더운 여름밤, 작곡가 존 케이지John Cage의 새로운 작품을 듣기 위해 그곳에 사람들이 모였어요.

피아노곡인 그 작품은 〈4분 33초〉라는 비밀스러운 제목을 갖고 있었습니다.

멋지게 차려입은 피아니스트가 심각한 표정으로 무대에 올랐습니다. 자리에 앉은 그는 옆에 스톱워치를 내려놓았죠. 그런데 피아노 뚜껑을 연 그는 악보를 보며 아무것도 하지 않는 것이었어요. 그저 악장(한 음악 작품을 이루는 독립된 곡들)의 시작과 끝을 알리려는 듯 뚜껑을 몇 번 열었다 닫았다 했을 뿐이었죠.

4분 33초 뒤 그는 뚜껑을 덮고 무대를 떠났습니다.

그렇게 연주는 끝이 났죠.

어떤 관객들은 화가 났어요. '고작 이걸 보려고 이렇게 멀리까지 왔단 말이야?'

또 어떤 관객들은 생각에 빠졌습니다. '작곡가는 이 작품을 통해 무엇을 표현하려 했을까?'

많은 사람들이 몰랐던 사실은, 〈4분 33초〉가 최초로 연주되었던 그 홀 안에 존 케이지도 있었다는 것입니다. 연주가 끝난 뒤, 그는 많은 것을 들었다고 말했습니다.

'바람과 비, 속삭임과 헛기침, 삐걱임과 딱딱거림.'

그 고요한 작품을 작곡하기 전, 존 케이지는 무향실을 방문했습니다. 아무 소리도 들리지 않아야 할 그곳에서 그는 어떤 소리를 들었습니다. 전에는 한 번도 들린 적 없던 낮은 음이었죠. 바로 그의 피가 흐르는 소리였습니다.

'최대한 많은 것을 없애고 나면 무엇이 남을까? 또 아무 소리도 안 들리게 된다면 무엇이 들릴까?'

존 케이지는 이런 질문들을 염두에 두고 그 작품을 작곡했던 거예요.

어느 인터뷰에서 그는 하루도 빠짐없이 그 작품을 듣는다고 말했어요. 그건 명상이라고도 말할 수 있답니다.

TASK ——————————————

1. 나비의 날개가 팔랑이는 소리, 레몬 짜는 소리 등, 여러분이 찾을 수 있는 가장 작은 소리들을 적어보세요. 어떤 것들이 있나요?

2. 종이에 점 하나를 찍은 뒤 가능한 오래 그 점에 집중해보세요. 그 점으로 무엇을 할 수 있는지 생각하면, 보다 쉽게 집중할 수 있답니다. 그런 다음 여러분의 머릿속에 떠오른 생각들을 적어보세요.

3. 아침에 눈을 뜨자마자, 또 밤에 잠들기 직전까지, 온종일 핸드폰으로 노래를 듣거나 TV 소리를 듣고 있진 않나요? 이번 일주일만이라도 자기 전 5분, 또 일어난 후 5분 동안 생각을 비우고 호흡에 집중하는 시간을 가져보세요. 그리고 어떤 변화가 있었는지 적어보세요.

한 실험에서 사람들은 15분 동안 혼자 방 안에 앉아서 생각을 할지, 아니면 약 몇 초 동안 찌릿하는 정도의 전기 충격을 받을지 결정해야 했습니다. 그리고 대부분은 전기 충격을 선택했답니다.

너만의 글을 써봐

- 나를 아는 가장 쉬운 방법 -

여기 빈칸이 있습니다. 아주 많이요. 지금 이 순간, 여러분이 중요하게 생각하는 것들과 앞으로 며칠간의 계획을 적어보세요.

발코니에서 피어난 사랑

- 불운과 행운의 차이는 무엇일까 -

2020년 3월 17일, 여기는 이탈리아입니다. 세계 그 어느 나라보다 코로나 확진자 수가 많아서 규칙도 엄격하죠.

봉쇄 조치로 인해 사람들은 집에 있어야 했지만, 대부분 집이 비좁은 이탈리아에서는 모두가 함께 집에 머무르는 것이 그리 쉬운 일이 아니었어요. 그래서 평소에는 잊고 지냈던 집 안의 한 장소가 사랑방이 되었습니다. 바로 발코니였죠.

감염병이 대유행하는 시기, 발코니는 아주 쓸모가 많았습니다. 먼저 발코니에 있으면 집 안에 있는 동시에 야외에 있을 수 있었죠. 또 다른 사람들과 확실한 거리 두기를 하면서도, 각자의 발코니에 있는 사람들끼리는 함께할 수 있었어요.

특히 이탈리아에서는 어느 밴드가 인터넷에서 ('Flashmobso-noro(플래시몹사운드)'라는 해시태그로) 발코니 음악을 장려한 뒤부터 발코니가 더욱 사랑받게 되었습니다. 로마, 나폴리, 밀라노, 피렌체, 베로나의 사람들은 발코니마다, 창문마다 서서 함께 음악을 연주했어요.

바이올린이나 기타가 없으면 냄비 뚜껑을 맞부딪쳤고, 〈고요함을 즐겨봐〉나 〈나를 껴안아주세요〉와 같이 자신들이 처한 상황에 맞는 노래들을 연주하고, 불렀습니다.

3월 17일, 베로나에 사는 파올라와 미켈레는 각자의 집 발코니에 서 있었습니다. 둘 다 성인이지만 부모님과 함께 살고 있었죠. 파올라의 집은 치마로사가 8번지 6층, 미켈레의 집은 치마로사가 9번지 7층이에요. 둘은 오래전부터 이웃에 살면서도, 일이 바빠 집에 있는 시간이 별로 없어서인지 한 번도 마주친 적이 없었습니다.

파올라의 자매인 리사는 오늘 발코니 바이올린 연주회를 열어 사람들에게 힘이 되는 노래, 퀸의 〈위 아 더 챔피언〉을 들려줄 생각이었어요. 파올라는 리사 곁에 서 있었죠. 건너편 발코니에서 미켈레는 그 소리에 귀를 기울였습니다. 하지만 곧 그는 더 이상 음악 소리에 집중할 수가 없었어요.

'바이올린 연주자 옆에 서 있는 저 아름다운 여자는 대체 누굴까?'

파올라 역시 미켈레에게 눈길이 가고, 그때부터 두 사람은 계속 함께하게 됩니다(비록 그 이후로도 몇 주 동안은 두 발코니 사이의 거리만큼 떨어져 지내야 했지만요). 그들은 매일 발코니에 서서 대화했어요. 그러던 어느 날 파올라는 9번지 집의 지붕 위에 달린, 자신의 이름이 큼직하게 적힌 흰색 깃발을 보게 됩니다. '파올라.'

첫 번째 랑데부는 봉쇄 조치가 끝난 뒤 어느 공원에서 이루어집니다. 그 후로 파올라와 미켈레는 연인 사이가 되죠. 언젠가 결혼을 하게 되면, 결혼식은 미켈레의 집 옥상에서 치를 계획이랍니다.

이들의 이야기에서 배울 수 있는 것은 무엇일까요? 예를 들면 이런 것들일 겁니다.

'작은 기적을 믿어라. 창문을 열고 사람들과 가까이 지낼 방법을 찾아라. 어떤 상황이든지 피할 수 없다면 즐겨라. 얼마 떨어지지 않은 곳에 있는 행운을 놓치지 마라. 지치고 힘들다고만 생각되는 코로나 같은 어려운 상황에서도 웅크리기보다 마음을 연다면, 생각보다 아주 가까운 곳에 있는 행운을 발견할 수 있다.'

그러고 보면 코로나라는 불운 속에서도 기적 같은 행운이 있었네요.

TASK ──────────────────────────

1. 2019년 시작된 코로나 바이러스 감염증으로 한때 전 세계가 봉쇄되었지요. 많은 사람들이 목숨을 잃고 경제가 어려워지고 혼란이 더해졌지만, 긍정적인 효과도 있었답니다.

첫째, 공장이 멈추고 다니는 차가 줄면서 공기가 깨끗해졌어요. 세계보건기구WHO의 발표에 따르면 2020년 코로나 봉쇄 조치로 공기질이 좋아져서, 전 세계적으로 약 1만 5000여 명의 목숨을 구한 효과가 있었다고 해요.

둘째, 감기 환자가 줄었답니다. 손을 자주 씻으니까요.

셋째, 집에 있는 시간이 많아지면서 독서 시간과 글 쓰는 시간도 늘면서, 자기를 돌아보는 시간을 자주 갖게 됐습니다.

넷째, 가족 시이가 친밀해지고 대화 시간이 늘었습니다. 사랑의 소중함을 알게 되었고요.

역시나 가장 큰 효과는 '인간은 사회적 동물이므로 혼자 살 수 없다'는 교훈을 되새겼다는 것 아닐까요? 코로나가 우리에게 준 깨달음은 무엇인지 내 생각을 적어보고, 친구들·가족들과도 이야기해보세요.

2. 이제 봉쇄는 풀렸으니 더 많은 사랑을 나눌 수 있겠지요? 여러분이 사는 동네에서 플래시몹을 한다면 어떨까요? 이탈리아에서처럼 음악 플래시몹일 수도 있겠죠. 아니면 다들 자기 집 창문에 사랑 고백을 하는 플래카드를 걸 수도 있고요. 또는 각 집마다 힌트를 숨겨두고 보물찾기 놀이를 해도 좋을 거예요.
여러분은 어떤 것을 하기로 했나요? 해보니 어땠나요?

베로나는 파올라와 미켈레가 아니더라도 사랑의 도시로 여겨집니다.
왜 그런지는 '세상의 모든 로미오에게' 편에서 확인해보세요.

자신의 눈을 멀게 한 송곳으로, 점자를 만든 소년

- 절망 속에 스스로를 가둬놓지 말자 -

밤이 되어 기숙사 불이 꺼지고, 모든 아이들이 칠흑같이 깜깜한 공동 침실에 누웠어요. 하지만 다들 아직 자려 하지 않을 때면, 라이너는 책 한 권을 꺼내 읽어주기 시작합니다.

그는 어두움에도 아랑곳하지 않습니다. 앞을 보지 못하거든요. 그래서 눈이 아닌 손으로 글을 읽습니다. 그의 책에는 글자가 적힌 대신 종이에 작은 돌기들이 나 있죠.

점자.

점자는 19세기 전반 프랑스에 살았던 한 소년이 만든 것입니다. 그 소년의 이름은 루이 브라유Louis Braille예요. 세 살 때 그는 피혁 세공인이었던 아버지의 공방에 몰래 들어가, 가죽에 구멍을 뚫다가 송곳을 놓치고 말았습니다. 그 송곳에 눈을 찔린 그는, 상처에 염증이 생기고 그것이 다른 눈에까지 퍼지는 바람에 앞을 못 보게 되었죠.

하지만 그의 아버지는 아들을 포기하지 않았습니다. 아버지는 나무에 글자 모양으로 못을 박아 루이가 손으로 만져보게 했어요. 이런 방법으로 그는 아들이 글자를 읽을 수 있게 했고, 학교에도 갈 수 있다고 주장했어요(당시에는 앞을 못 보는 아이들이 학교에 가는 게 당연한 일은 아니었답니다).

십 대가 된 루이는 다시 아버지의 공방에 가게 되었습니다. 그는 자신의 시력을 잃게 만든 송곳을 손에 쥐고, 가죽에 작은 구멍을 뚫었어요. 구멍이 잘 만들어졌는지 도드라진 부위를 더듬는 순간 아이디어가 번뜩 떠올랐습니다.

송곳으로 앞을 보지 못해도 읽을 수 있는 글자를 만들 수 있겠다는 생각이었지요. 점자(브라유 점자라고도 불리는)는 이렇게 탄생했습니다.

종이에 볼록 튀어나온 점을 만져서 읽는 점자는 여섯 개의 점들로 구성되며, 64가지 조합을 만들어낼 수 있죠. 알파벳, 숫자, 문장부호를 표현하기에 충분한 숫자랍니다.

A는 왼쪽 위에 점 한 개, B는 왼쪽 위와 가운데에 점 하나씩, C는 왼쪽 위와 오른쪽 위에 점 하나씩, 이런 식으로 되는 거예요.

루이가 시력을 잃었을 때 절망 속에 자신을 가둬두지 않고, 자신만의 빛을 만들어낸 덕분에 기숙사의 그 소년, 라이너는 낭독자가 될 수 있었습니다. 사람들은 그의 낭독을 듣는 것을 아주 좋아했고, 그 덕에 그는 상도 많이 받았죠. 그에 대해 더 자세히 알아보고 싶다면, 라이너 운글라우프Reiner Unglaub를 검색해보세요.

TASK ————————————————————————

1. 루이가 점자를 만들고 있다는 소식이 퍼지자 한 군인이 돕겠다며 찾아옵니다. 바르티에 대위는 어두운 밤에 소통하기 위한 야간 문자를 개발했어요. 그런데 바르티에는 루이가 고작 십 대 소년이라는 걸 알고는 그냥 가버렸어요. 소년이 뭘 할 수 있겠냐고 무시한 거예요. 여러분도 무시당한 경험이 있나요? 그때 나는 어떻게 했는지 떠올려보세요.

2. 루이는 1852년 결핵으로 세상을 떠났습니다. 그는 평생 점자를 알리기 위해 노력했지만, 처음엔 극히 일부의 시각장애인들만 점자를 사용할 수 있었죠. 루이의 점자는 1932년에야 비로소 국제회의에서 표준으로 합의되었습니다. 시각장애인에 대한 사회적 무관심이 가장 큰 이유가 아니었을까요? 지금은 어떤가요?

_____

_____

_____

_____

3. 다음 문장이 무슨 뜻인지 아나요?

칸운서 를써 빈리머 다채을.

_____

답: 머리를 써서 빈칸을 채운다.

4. 암호어를 배워보세요. 여기 여러 국가의 암호어가 있습니다.

- 뢰펠슈프라헤(Löffelsprache, 독일): 모음 뒤에 'lew'를 붙이고, 그 뒤에 같은 모음 하나를 더 붙여요.

  예: Geleweheileweimnilewis (Geheimnis)
- 피그 라틴(Pig Latin, 영어권 국가들): 단어 맨 앞에 있는 자음들을 맨 뒤로 보내고 그 뒤에 'ay'를 붙여요.

  예: Ananebay (Banane)
- 헤리곤사(Jerigonza, 스페인어권 국가들): 모음을 두 번 쓰고 그 사이에 'P'를 넣어요.

  예: Kipinopo (Kino)
- 한 문장의 단어들을 띄어쓰기 없이 전부 이어서 쓴 다음, 아무렇게나 띄어서 써요. 방향을 반대로 해도 좋아요.

  예: Dasi stdanns ehrs chwe rzul es en(원문은 'Das ist dann sehr schwer zu lesen'이며 '그러면 읽기가 아주 어려워진다'라는 뜻이다-옮긴이)

5. 여러분과 여러분의 친구, 둘 다 가지고 있는 책을 한 권 정하세요. 책과 똑같은 크기의 유산지 한 장에 쪽수를 적은 다음, 책의 해당 쪽 위에 꼭 맞게 끼워요. 이제 죽 이어서 적으면 비밀 메시지가 되도록 글자들에 동그라미를 쳐요. 여러분이 그 종이를 친구에게 주면, 친구는 그것을 자기 책의 해당 쪽에 끼워 여러분의 메시지를 읽을 수 있답니다.

6. 여러 가지 모양의 좌표계를 그리고, 그 안에 알파벳 철자를 전부 적어보세요. 그리고 비밀 메시지를 보내고 싶을 때, 철자 대신 좌표계 상의 각 좌표를 그려보세요.

아래에 여러분만의 암호어를 연습해보세요.

BREAK ———————————————— 알고 있나요?

그리스 에비아섬의 마을 '안티아'의 사람들은 2000년이 넘도록 마치 새가 지저귀는 것처럼 들리는 휘파람 소리로 의사소통을 했습니다. 그들의 언어가 발견된 것은 1969년, 인근 산에 추락한 비행기를 구조하러 온 팀이 휘파람 소리를 들었을 때였죠. 그 언어의 좋은 점은, 휘파람은 3~4킬로미터 떨어진 산에서도 들을 수 있다는 것입니다.

다음에 산에 가게 되면 한번 시험해보세요.

차라리 컴퓨터하고만 말하겠다고?

- 사람에게도 정확한 명령어가 필요해 -

여러분이 한 말을 상대방이 잘못 이해해서 다툼이 생긴 적이 있나요? 여러분이 농담한 것을 상대방이 심각하게 받아들였나요? 아니면 여러분은 상냥하게 말한 건데, 상대방은 그것을 나쁘게 받아들였나요?

언어는 너무나도 모호해서, 때로는 다른 사람들과 대화를 하기가 무척 복잡합니다.

그리고 사람은 쉽게 상처를 받기 때문에, 서로 지켜야 할 예절의 규범이 있어요.

가끔은 자신이 전혀 의도하지 않은 말들을 할 때도 있죠.

그렇기 때문에 때때로 컴퓨터와 이야기하는 것이 훨씬 편하기도 합니다. 컴퓨터는 단 두 가지만을 이해하기 때문이죠.
켜다와 끄다.
네와 아니요.
1과 0.
컴퓨터가 하는 모든 일은 두 수로 표현됩니다. 이것을 이진 코드라고 해요. 중간 음, 불합리함, 부정확함, 회색 지대 같은 것 없이, 모든 것이 아주 논리적이고 명확하죠.

또 컴퓨터는 우리가 그냥 명령을 내려도 상처를 받는 일이 없습니다. 사람들이 컴퓨터한테 원하는 것들을 0과 1로 번역해주는, 여러 프로그램 언어들이 개발되었죠(펄, 파이선, 루비, 블리츠 베이식, 클리퍼, 유포리아, 파우스트, 그루비, 학세, 자스민, 셰익스피어와 같은 재미있는 이름들로).
이러한 명령어들을 '코드'라 부르며, 가장 좋은 코드는 여러분이 원하는 바를 최대한 명확하게 표현해주는 것이에요. 코드는 짧을수록 좋고, 여러분이 아무런 할 말이 없다고 해도 문제 없어요. 컴퓨터에게는 잡담이 필요 없으니까요.
코드가 작동하지 않는다고 해도 더 나빠질 건 없습니다. 컴퓨터가 여러분이 원하는 대로 반응하지 않는 유일한 원인은, 여러분이 명령어를 정확히 입력하지 않았기 때문이니까요.

하지만 하나 명심할 건, 대답이 깔끔하고 편하다고 해서 언제까지고 컴퓨터와만 소통할 수 없다는 거겠죠?

컴퓨터에도 적확한 명령어를 입력하려는 노력이 필요한 것처럼, 사람과의 소통에서도 어떤 마음을 전하고 싶은지, 내 말이 상대에게 어떻게 가닿을지 생각하고 고민해보는 과정이 필요합니다.

TASK ————————————————————

1. 컴퓨터처럼 아주 논리적이고 단계적으로 생각하는 훈련을 하고 싶다면, 아래 과제들을 해결해보세요.

· 한 농부가 강을 건너려고 합니다. 그는 양배추 한 통, 늑대 한 마리, 염소 한 마리를 갖고 있어요. 배에는 두 자리밖에 없는데, 농부만 노를 저을 수 있으므로 그는 반드시 타야 합니다.

그리고 몇 가지 유의해야 할 사항들이 있어요. 농부가 염소와 양배추를 두고 간다면, 염소가 양배추를 먹어버릴 것입니다. 또 염소와 늑대를 두고 간다면, 염소는 살아남지 못하겠죠. 농부, 양배추, 늑대, 염소가 모두 안전하게 강을 건널 수 있는 방법은 무엇일까요? (힌트: 농부는 여러 번 왔다 갔다 할 수 있습니다. 답은 243쪽)

• 아래 숫자 코드를 풀어보세요(답은 243쪽).

238 : 숫자 한 개는 맞고 올바른 자리에 있음

642 : 모두 틀림

579 : 숫자 두 개는 맞지만 잘못된 자리에 있음

513 : 숫자 한 개는 맞지만 잘못된 자리에 있음

존 키하다John Quijada라는 미국인은 세상에서 일어나는 오해들을 없애기 위해 '이스쿠일Ithkuil'이라는 언어를 개발했습니다. 이 언어를 사용하면 "아 정말! 처음부터 그렇게 말을 했어야지!"나 "네가 그런 뜻으로 말한 건지 몰랐어" 같은 말은 필요 없게 되죠.

존 키하다는 34년간 이스쿠일을 연구했지만, 안타깝게도 그 언어는 너무 복잡해서 쓰는 사람이 아무도 없답니다.

요즘 젊은이들에게는 전화 공포증이 있답니다. 어려서부터 메일과 문자 메시지로 소통했기 때문이죠. 최근 미국에는 '전화 통화하는 법'을 가르쳐주는 서비스 회사가 생겼습니다. 전화 통화에 공포를 느끼는 가장 큰 이유는, 상대에게서 질문을 받았을 때 대답을 잘못할까 봐서라는군요.

세상의 모든 로미오에게

- 편지, 마음을 담아 다른 곳으로 보내는 법 -

'줄리엣, 베로나.'

거의 100년 전 이탈리아의 도시, 베로나에 도착한 편지 봉투에는 이렇게만 적혀 있었습니다.

하지만 그것이 누구에게 온 편지인지 모르는 사람이 없었죠.

윌리엄 셰익스피어William Shakespeare가 여전히 세계에서 가장 유명한 희곡인 〈로미오와 줄리엣〉을 쓴 지 500년 이상이 흘렀습니다. 이 희곡은 두 젊은이가 닷새간의 여름날 동안 겪는 금지된 사랑에 관한 이야기로, 이탈리아의 베로나가 그 배경이에요.

그중 한 장면만 읽어야 한다면 3막 5장을 읽어보세요. 때는 한밤중, 두 가문의 사이가 나빠서 서로 만나지 못하게 되자 로미오가 줄리엣의 집에 몰래 들어간 상황입니다. 새가 지저귀는 소리가 아침이 밝아옴을 알렸지만 줄리엣은 이렇게 말합니다.

"벌써 가시게요? 아직 날이 새려면 멀었는걸요. 겁에 질린 당신의 귓가에 방금 울린 그 소리는 종달새가 아니라 나이팅게일 울음소리랍니다. 밤마다 저 석류나무 위에서 노래하죠."

사람들은 헷갈립니다.

'줄리엣은 정말 그렇게 믿는 걸까, 아니면 그저 로미오가 좀 더 곁에 있어주기를 바라는 걸까?'

어쨌든 그들의 사랑은 너무나도 밝게 빛나서, 수백 년이 지난 뒤에도 줄리엣은(실존 인물이 아닌데도) 누군가를 동경하는 사람들이 머릿속에 떠올리는 이름입니다.

약 100년 전, 수신인에 '줄리엣, 베로나'라고 쓴 편지를 보낸 남자 역시 사랑의 괴로움을 겪고 있었고, 절망에 빠진 사람이 신을 찾듯이 줄리엣에게 편지를 쓴 것이었습니다.

그러니 답장을 기대할 리도 없었죠. 그런데 에토레 솔리마니 Ettore Solimani라는 베로나 주민이 그 편지를 읽고 동정심이 들어, 답장을 써주게 되었습니다.

그 이후의 일에 대해서는 확실하게 알려진 바가 없습니다. 어쩌면 그 비운의 영국인이 행복해져서 줄리엣에게 결혼한다는 편지를 보냈을 수도 있고, 그 이야기를 들은 또 다른 불행한 사람이 베로나로 편지를 보냈을 수도 있겠죠.

아무튼 이제 해마다 브라질, 미국, 독일 등에서 수천 통의 편지가 베로나로 도착한답니다. 최근에는 인도의 한 숙녀에게서도 편지가 왔습니다.

"친애하는 줄리엣, 저희 부모님은 계층이 다르다는 이유로 제가 사랑하는 남자와 결혼하는 걸 반대하십니다. 가족과 싸워야 할 것 같은데, 당신이 제게 힘을 주세요."

에토레는 이미 세상을 떠났지만 그의 일을 이어받은 사람이 열 명이나 있습니다. 다들 발레리나, 제빵사, 학생 등 각기 직업을 갖고 있지만, 자신에게 주어진 제2의 임무도 본업만큼이나 중요하게 여기죠.

그들은 '줄리엣 클럽'이라는 이름으로, 베로나를 가로지르는 철로 근처의 어느 작은 벽돌집에 사무실을 열었어요. 그리고 온 세상의 사랑에 빠진 사람들에게 위안의 편지를 써주는, 줄리엣의 비서 역할을 하고 있습니다.

1. 편지의 힘을 느껴본 적이 있나요?

2. 편지를 써보세요.

여러분에게 불평하는 편지를 써보세요.

여러분에게 감사하는 편지를 써보세요.

10년 뒤의 여러분에게 편지를 써보세요.

아무 주소로나 편지를 쓴 다음 답장이 오는지 기다려보고, 아래에

그 경험담을 써보세요.

편지에 적을 핵심 단어들을 아래에 메모해보세요.

3. 새소리 앱을 다운받아 종달새와 나이팅게일의 울음소리를 구별해
보세요.

4. 〈로미오와 줄리엣〉은 사랑 때문에 비극적 결말을 맞게 된 두 남녀의
이야기를 담은 세계적인 명작이죠. 오늘은 〈로미오와 줄리엣〉을 다
시 한번 보는 건 어떨까요. 영화를 봐도 좋고, 책으로 읽어도 좋아요.
읽고 난 후 짧은 감상과 사랑에 대한 여러분의 생각을 적어보세요.

'저를 행복하게 만들어주시겠어요?'

이것은 열두 살이던 사라가 아스트리드 린드그렌Astrid Lindgren(《말괄량이 삐삐》시리즈로 유명한 동화 작가-옮긴이)에게 보낸 편지의 첫 문장이었습니다. 그 소녀의 간절한 소원은 영화 〈개구쟁이 에밀〉에 출연하는 것이었죠.

비록 그 소원은 이루어지지 않았지만, 사라는 다른 행운을 얻게 되었습니다. 사라는 세계적 작가 린드그렌과 무려 30년간 편지를 주고받을 만큼 친한 사이가 되었던 것입니다.

1분마다 축구장 30개의 숲이 사라진다

- 우리에겐 나무가 필요해 -

옛날에 서로 아주 사랑하는 한 쌍이 있었습니다. 그들의 사랑은 좀 심하다 싶을 정도였죠. 하늘을 뜻하는 '랑이누이'와 땅을 뜻하는 '파파투아누쿠'는 서로 너무 꼭 붙어 있어서, 여섯 아이들은 빛도 보지 못한 채 부모 사이에서 갇혀 지내는 꼴이었습니다.

그 아이들은 오랫동안 불평 없이 지냈습니다. 빛이라는 게 무엇인지 모르니 그리워할 수도 없었죠.

그러던 어느 날 랑이누이가 몸을 살짝 움직이자 아이들에게 빛이 비추었고, 빛을 본 아이들은 더 이상 참을 수가 없었습니다. 어둠에서 벗어나고 싶었던 것이죠. 아들인 '타네 마후타'는 계획을 세웠습니다. 똑바로 누워서 어깨로는 어머니를 아래로 밀고, 발로는 아버지를 위로 미는 것이었어요.

그때부터 해는 땅이 만들어내는 모든 것을 비출 수 있게 되었습니다.

이 전설은 뉴질랜드 원주민인 마오리족에서 전해 내려옵니다. 타네 마후타는 2000년도 더 된 카우리나무로, 뉴질랜드 북섬에 있어요. 마오리족은 타네를 숲의 아버지라 여기며, 나무를 베기 전에는 그 나무에 허락을 구한답니다.

오늘날 타네 마후타를 보러 가서 고개를 뒤로 젖히고 드높은 하늘 어딘가에 있는 나무 꼭대기를 보고 있노라면, 마오리족이 타네처럼 거대한 카우리나무가 하늘과 땅을 갈라놓았다고 믿는 이유를 충분히 이해할 수 있습니다.

하지만 타네도 약점이 있습니다. 얼마 전부터 카우리나무에 아주 작은 세균이 감염되어, 뿌리를 갉아 먹고 죽음에까지 이르게 된 것입니다.

이 세균은 신발 바닥에 붙어 있을 수 있어서, 뉴질랜드 사람들은 타네를 보러 가기 전 신발을 닦습니다. 숲이 시작되는 곳에는 바닥에 솔이 설치되어 있으며 세정제도 준비되어 있죠.

타네는 서기 500년 인간이 거위 깃털로 글씨 쓰는 법을 발견했을 때도, 13세기 단추가 발명되었을 때도, 1861년 최초의 전화기가 사용되었을 때도 그 자리에 있었습니다.

타네는 아주 오래 살았지만 곧 없어질지도 모릅니다. 거인에게도 약점은 있으니까요.

위기에 놓인 나무는 타네뿐만이 아닙니다. 1분마다 전 세계에서 축구장 30개 규모의 우림이 파괴되고 있다고 해요.

우리에겐 나무가 필요합니다.

우리는 나무 그늘에서 휴식을 취하고, 나무를 타고 오르기도 하고, 열매를 따 먹으며, 숨 쉴 공기도 얻습니다. 또 나무는 우리를 놀라게 하기도 하죠.

미국 유타주에는 4만 7000그루의 사시나무가 있는데, 사실 이들은 전부 한 뿌리로 이어져 있어서 같은 나무에 속한다고 합니다.

폴란드의 어느 숲에서는 나무들이 수직이 아니라 90도로 꺾여서 자라는데, 아무도 그 원인을 모른다고 해요.

호주에서 자라는 울레미소나무는 5000만 년 전부터 생존해 왔다고 합니다.

그리고 바레인의 사막에는 샤드샤라트 알하야Schadscharat al-Haya, 즉 '생명의 나무'라 불리는 나무가 있습니다. 인근에는 샘

물도, 지하수도 없는데 말이에요. 그 나무는 살아 있는 것 자체가 수수께끼랍니다.

TASK

1. 일본에서는 4월에 벚꽃이 필 때 하나미 축제가 열립니다. 사람들은 나무 밑에 둘러앉아 피크닉도 하고, 꽃을 올려다보며 그 장관을 즐기죠.
여러분만의 하나미 파티를 열어볼까요? 여러분은 어떤 나무를 선택할 건가요?

_____

_____

_____

_____

2. 당장 할 수 있는 일이 아니어도, 나무를 심을 기회가 생긴다면 꼭 심도록 하세요. 그리고 그때까지 여러분만의 유리병 정원을 꾸며보세요. 영원히 두고 볼 수 있답니다.

준비물은 뚜껑을 닫을 수 있는 유리병(병조림용 병 등), 흙, 자갈, 돌과 이끼입니다.

우선 유리병, 자갈, 돌을 끓는 물에 씻은 뒤 잘 말려요.

그런 다음 유리병 안에 돌과 자갈을 약 2센티미터 두께로 깔고 숯 조각들을 덮은 뒤(자갈을 완전히 덮어야 곰팡이가 피지 않아요), 파종용 흙을 약 5센티미터 두께로 깔아요.

이제 손으로 흙을 움푹하게 만든 다음 양치류 같은 식물을 심어요.

마지막으로 이끼를 얇게 깔고 조심스럽게 눌러줘요.

유리병 정원에 처음 물을 줄 때는 너무 건조하지도, 너무 축축하지도 않도록 해야 해요.

뚜껑을 닫아 빛이 드는 곳에 두세요.

이제 수분 테스트 시간이에요. 아침에 유리병 안에 이슬이 맺혀도, 시간이 지나면서 서서히 사라지면 수분이 적당한 거예요. 만약 유리병 안에 계속 이슬이 맺혀 있다면, 이틀 정도 뚜껑을 열어두어 수분이 증발되도록 해줍니다. 반대로 이슬이 전혀 맺히지 않는다면, 물을 조금 더 줍니다.

더 이상 여러분이 할 일은 없습니다. 유리병 정원은 하나의 작은 생태계이며 자체적으로 순환합니다. 증발된 수분을 유리가 결로시켜 식물이 다시 쓸 수 있도록 하니까요.

나무는 보통 동쪽으로 자라며, 이끼는 북쪽 가지에 잘 생깁니다.

우리는 왜 고릴라를 보지 못했을까

- 우리는 보고 싶은 것만 본다 -

길에서 어떤 청년이 길을 묻는다고 생각해봅시다. 극장, 아이스크림 가게, 버스 정류장 등 어디든 상관없습니다.

중요한 것은 그 상황을 구체적으로 상상해보는 거예요.

청년의 손에 들린 핸드폰에는 구글 맵이 열려 있고, 여러분은 그와 함께 그것을 들여다봅니다. 여러분이 막 설명을 해주려는데, 맞은편에서 두 사람이 커다란 문짝을 들고 힘겹게 걸어옵니다. 그들은 옆으로 피해갈 생각이 없는 듯해서, 여러분과 청년은 길을 비켜줄 수밖에 없습니다.

청년과 여러분은 문을 사이에 두고 갈라지게 됩니다. 여러분은 '저 사람들 뭐야'라고 생각하며, 고개를 흔들고는 다시 설명을 시작합니다.

"첫 번째 길에서 우회전한 다음 왼쪽으로 가서…."

그런데 커다란 문짝을 든 이상한 사람들이 지나간 뒤, 여러분의 눈앞에 갑자기 다른 청년이 서 있다면 바로 알아챌 수 있을까요? 키가 더 크고, 안경을 쓰고, 머리색은 갈색이 아니라 금발인 청년. 아니면 여자로 바뀌었을 수도 있고요.

아마 여러분은 당연히 알 수 있다고 생각하겠지만, 그리 확신할 수는 없습니다.

두 학자가 미국의 한 대학 캠퍼스에서 이와 똑같은 실험을 했습니다. 문짝을 들고 있던 사람 중 한 명이 길을 묻는 사람과 재빨리 자리를 바꾸었는데, 실험 대상자의 절반은 그 사실을 전혀 알아채지 못했습니다. 심지어 남자가 아닌 여자로 바뀌었을 때도요.

또 다른 실험에서는 사람들에게 두 팀이 농구 게임을 하는 영상을 보여주었습니다. 사람들은 한 팀이 공을 패스하는 횟수를 세어야 했죠. 그런데 중간에 고릴라 차림을 한 사람이 나타나 가슴을 쿵쾅대다가 사라졌습니다.

대부분의 사람들은 한 팀이 공을 열다섯 번 패스했다고 말했습니다. 정답.

하지만 고릴라에 대해 묻자, 그들은 어리둥절해졌습니다.

"고릴라요? 무슨 고릴라요?"

한 가지 일(길 알려주기, 패스 횟수 세기)에 완전히 집중하면, 제아무리 고릴라가 나타나도 알아채지 못할 수 있습니다. 마술은 바로 이러한 현상에 기반합니다. 관객의 시선을 다른 곳에 집중시키고 빠른 손기술로 상황을 조작하는, 이를테면 '멋진 속임수'죠. 마술을 배운다는 건 사람들의 관심을 돌리는 법을 배우는 거랍니다.

마술은 즐겁죠. 하지만 우리가 '보고 싶은 것'만 보는 것은 조금 문제가 될지도 모르겠어요. 이를 '확증편향'이라고 합니다. 자기 생각과 신념에 따른 정보만 믿고, 다른 정보는 무시하는 거지요. 확증편향에 빠지면 있는 그대로의 사실을 보지 못하게 되죠. 혹시 내 생각을 지지해주는 사람의 말만 듣고, 그 밖의 의견들은 무시한 적이 있나요?

1. 마술을 위한 몇 가지 팁을 알려드릴게요.

"물건 X를 쳐다보지 마세요"라는 말은 정반대의 효과를 일으키는 좋은 속임수입니다. 이런 말을 하면 관객들은 여러분의 속임수를 알아내기 위해 물건 X를 쳐다볼 게 분명해요. 그러면 여러분은 이것을 기회로 남몰래 물건 Y를 조작할 수 있습니다.

위대한 마술사는 끊임없이 말을 하는데, 이것 역시 관객들의 주의를 돌리는 좋은 방법이랍니다. 관객들을 웃기면 여러분이 하는 일에 덜 집중하도록 만들 수 있습니다.

속임수의 결정적인 순간이 오면 잠시 기다리세요. 사람들과 잠시 이야기를 나누며, 시간을 끄는 거예요. 그러면 그들이 속임수를 알아채기가 어려워집니다.

가능하면 여러분이 정말 필요한 것보다 많은 도구들을 사용하세요. 예를 들면 뭔가를 숨긴 잔은 하나인데, 잔 네 개를 내놓는 식으로요. 이 방법 역시 주의를 돌리는 데 도움이 됩니다.

다음은 간단한 카드 마술(카드 52장이 있으면 가장 좋아요)입니다.

우선 카드를 짝수 카드와 홀수 카드, 두 더미로 나누되(혼자 있을 때 해두면 가장 좋습니다) 잭(J)과 킹(K)은 홀수, 퀸(Q)과 에이스(A)는 짝

수로 칩니다. '1, 3, 5, 7, 9, 잭, 킹'이 한 더미가 되고, '2, 4, 6, 8, 10, 퀸, 에이스'가 한 더미가 됩니다.

관객들 앞에 서기 전 카드 두 더미를 포개어놓는데, 이때 뒤쪽 더미의 첫 카드를 여러분이 알아볼 수 있도록 살짝 튀어나오게 합니다.

관객들에게 인사한 다음 카드 두 더미를 다시 나누고, 한 관객에게 카드 한 더미를 골라 섞도록 합니다. 그동안 여러분은 다른 한 더미를 섞습니다.

이제 관객에게 그가 가진 더미에서 카드 한 장을 뽑아 어떤 카드인지 본 다음 여러분의 더미에 넣고, 그 더미를 다시 섞도록 합니다. 관객에게 카드를 선택할 주도권을 주는 것이 속임수를 믿게 하는 아주 중요한 포인트입니다.

다음으로 관객에게 여러분의 더미를 되돌려달라고 합니다. 이제 그가 뽑은 카드를 찾는 건 아주 쉽습니다. 여러분이 짝수 카드 더미를 갖고 있었다면 유일한 홀수 카드를 찾으면 되고, 홀수 카드 더미를 갖고 있었다면 짝수 카드를 찾으면 되죠.

그 카드 더미를 찬찬히 살펴보며, 어떤 주문이나 이야기로 관객들의 주의를 돌립니다(여러분이 카드에 비밀 신호를 보내고 있다는 말 같은 것).

그리고 또 무엇이 있을까요? 여러분만의 마술 속임수를 다음에 적어보세요.

고릴라에 관한 이야기가 하나 더 있습니다. 의사들에게 주먹을 든 고릴
라 그림이 숨어 있는 폐 방사선 사진을 보여주었을 때, 다들 눈에 띄는
이상 부위는 찾아냈지만 고릴라를 찾은 사람은 아무도 없었다고 해요.

시작은 작은 쌀알 하나였지만

- 당장의 결과에 조바심 내지 말자 -

페르시아의 전설에 따르면, 아주 오래전에 어느 지혜로운 남자가 왕에게 체스를 선물했습니다. 그렇지 않아도 심심할 때가 많았던 왕은 매우 기뻐하며 남자에게 상을 내리겠다고 했죠.

"한 가지 소원을 들어주겠다. 무엇이든지 좋으니 말해보아라."

왕은 남자가 황금, 보석이나 다른 값비싼 물건을 원할 것이라 생각했습니다. 하지만 남자의 대답은 의외였습니다.

"임금님의 체스판에 쌀알을 채워주소서. 첫 칸에는 한 알, 두 번째 칸에는 두 알, 이렇게 각 칸에 앞 칸의 쌀알보다 두 배 많은 쌀알을 놓아주시면 됩니다."

왕은 당황했고, 자신이 엄청난 부자로 만들어줄 수 있다는 사실을 남자가 모르는 것 같아 불쾌하기까지 했습니다. 그가 바보 같다는 생각도 들었습니다. 원하는 모든 것을 얻을 수 있는 상황에서 쌀알 몇 개면 만족한다고 했으니까요.

"그럼 좋다."

왕이 말했습니다.

"참으로 소박한 소원이로다. 그래도 그대가 원하는 대로 해주겠노라."

곧 신하가 쌀자루를 들고 왔습니다. 그는 쌀알 한 개를 체스판의 첫 칸에 놓았습니다. 두 번째 칸에는 쌀알 두 개, 세 번째에는 네 개, 네 번째에는 여덟 개, 그렇게 두 배씩 계속 놓았어요.

다섯 번째에는 16개, 여섯 번째에는 32개, 일곱 번째에는 64개, 여덟 번째에는 128개, 아홉 번째에는 256개, 열 번째에는 512개….

열한 번째, 열두 번째, 열세 번째 칸에는 쌀알 몇 개가 놓였을까요?

답을 생각해보세요.

얼마 안 가서 신하는 쌀자루 한 개, 그리고 또 한 개를 더 가져왔으며 곧 두 번째, 세 번째 신하들도 곡물 창고에 있는 쌀자

루들을 하나씩 끌고 왔습니다.

그리고 64번째 칸에 이르자 그들은 나라 전체의 쌀알을 가져와도, 그 칸을 채울 수 없음을 알게 되었죠.

64번째 칸에만 9,223,372,036,864,775,808개의 쌀알이 놓여야 했으니까요.

이 수를 어떻게 읽나요?

소리를 내 답을 읽어보세요.

왕이 바보로 여겼던 그 남자는 언뜻 보기에는 소박한 것 같았던 소원으로, 왕국 전체에서 제일가는 부자가 되었습니다.

그러니까 당장 여러분이 원하는 대로 되지 않는다고 조바심 내지 말아요.

쌀알 한 개가 어떻게 되었는지 잘 생각해보세요.

TASK ———————————————————

1. 왕이 이해하지 못했던 원리를 여러분의 부모님은 알고 계신지 확인해보고 싶은가요? 그렇다면 여러분이 정기적으로 받는 용돈을

포기하고, 다음 주에는 100원만 받고 한 주가 지날 때마다 전주의 두 배씩을 받겠다고 해보세요. 부모님은 뭐라고 대답하셨나요?

_____

_____

_____

2. '티끌 모아 태산'을 체험하고 싶다면, 유리컵에 완두(냉동된 것 말고 말린 것)를 가득 채워보세요. 여기에 물을 잔뜩 부은 뒤, 컵을 베이킹 용 시트 위에 올려둡니다. 한 시간 반 뒤에 여러분은 어떤 일이 일어 나는 소리를 들을 수 있을 거예요.

그리고 다음번에 같은 실험을 할 때에는 유리컵을 안 보이는 곳에 숨겨서 여러분의 부모님, 형제자매가 그 소리의 비밀을 찾아다니도 록 해보세요.

BREAK ————————————— 알고 있나요?

600년 전 중국 만리장성의 인부들은 모르타르(시멘트 등에 모래를 섞어 물로 갠 것-옮긴이)에 끈적이는 쌀을 섞어 견고함을 높였다고 합니다.

닭이 먼저냐, 달걀이 먼저냐

- 세상에 쓸데없는 질문은 없다 -

그것은 매년 11월 초 멕시코 산악 지역에서 일어납니다. 하늘은 주황색과 검은색으로 바뀌고, 공기는 떨리듯 움직이죠.

흔들리는 모양이 작은 풍선 같기도 하고, 땅 쪽으로 서서히 날아가는 것을 보면 나뭇잎 같기도 한데, 사실 그건 4500킬로미터라는 먼 거리를 날아온 나비(주황색과 검은색 무늬가 특징인 제왕나비)랍니다.

미국에서부터, 심지어 캐나다에서부터 온 그 나비들은 이제 멕시코의 전나무 숲에 내려앉습니다. 그리고 그곳에 한동안 머물죠.

수개월간 마치 '살아 있는 이불'처럼 나무 위를 덮고 앉아 있다가, 봄이 되어서야 미국으로 돌아갑니다.

왜 그럴까요?

왜 그 나비들은 하필 이곳으로 날아올까요?

왜 너도밤나무, 삼나무, 소나무가 아닌 오야멜전나무(십자가나무라고도 불리는)에만 모여 있는 걸까요?

이 숲은 대체 어떻게 찾은 걸까요?

어떻게 길 한 번 잃지 않고, 또 매번 정확히 11월에 찾아오는 걸까요?

멕시코 원주민들은 그 나비들을 선조들의 영혼으로 여겨요.

과학자들은 나비들의 배에 무선 송신기를 부착했습니다.

모두가 알고자 하는 해답.

아직은 아무도 찾지 못했죠.

제왕나비들은 아무런 동요 없이
해마다 그들의 여행을 계속하고 있답니다.

이외에도 풀리지 않는 신비들이 많이 있어요.

닭이 먼저일까, 달걀이 먼저일까?

우주는 무엇으로 이루어져 있을까?

죽음 이후에는 무엇이 있을까?

수학은 발명된 것일까, 발견된 것일까?

왜 그리 많은 사람들이 자기 코딱지를 먹을까?

꿈은 왜 꿀까?

잊혀진 생각들은 어디로 가는 길까?

화산 근처에 사는 염소들은 어떻게 폭발이 일어나기 며칠 전부터 불안해하는 걸까?

삶의 의미는 무엇일까?

얼룩말에게는 왜 줄무늬가 있을까?

항상 해답을 얻을 수 있는 건 아니에요.

질문을 던진다는 것, 그 자체가 중요한 것이랍니다.

TASK ———————————————————————————————————

1. 다음은 가족과 함께하는 일요일 아침 식사 때나, 친구 집에서 잘 때 해볼 만한 양자택일 질문들입니다.

- 사흘 내내 계속 재채기하기 vs. 사흘 내내 계속 딸꾹질하기
- 왼손으로 글씨 쓰기 vs. 왼손으로 밥 먹기
- 석 달 동안 다리에 깁스하기 vs. 반년 동안 대머리로 살기
- 딱정벌레 한 마리 먹기 vs. 엄청나게 매운 고추 두 개 먹기
- 숲에서 하룻밤 지내기 vs. 스카이다이빙하기
- 과거로 가서 증·고조부모님 만나기 vs. 미래로 가서 증·고손주 만나기
- 하루 종일 땀 흘리기 vs. 하루 종일 추위에 떨기
- 일주일간 양동이로 물 마시기 vs. 일주일간 젖병으로 물 마시기
- 엄청 삐뚤빼뚤한 이빨 vs. 엄청 누런 이빨
- 매달 난이도 중급의 방 탈출하기 vs. 1년에 한 번 난이도 최상급의 방 탈출하기
- 마법의 스위치로 부모님 말소리 없애기 vs. 마법의 스위치로 형제자매의 말소리 없애기
- 생각 읽기 vs. 투명인간 되기
- 일주일간 말 안 하기 vs. 일주일간 포옹과 키스를 하지 않기
- 평생 영화 안 보기 vs. 평생 초콜릿 안 먹기

여러분도 시리Siri조차 대답 못 할 질문 몇 가지를 생각해보세요.
여러분이 생각한 질문들을 다음에 적어보세요.

_____

_____

_____

_____

_____

_____

_____

사람들이 구글에 가장 많이 하는 질문은 다음과 같습니다. '사랑은 무 엇일까?' '여기는 어디일까?' '내 똥은 왜 녹색일까?'

최초의 인류, 루시

- 나는 어디에서 왔을까 -

팔꿈치 뼈를 부딪치면, 그 통증이 온몸에 울리는 걸 느껴본 적이 있나요?

바로 이 팔꿈치 뼈가, 사람들이 처음으로 발견한 루시의 일부였습니다. 루시의 팔꿈치는 이미 오래전부터 진동을 느낄 수 없는 상태가 되어 있었죠. 땅속에서 말이에요.

루시는 320만 년 전에 살던 사람입니다.

학자들은 '오스트랄로피테쿠스 아파렌시스Australopithecus afarensis'라는 학명을 붙여주었어요.

루시의 팔꿈치 뼈 바로 옆에는 두개골, 턱뼈 일부, 척추뼈 몇 개가 있었어요. 이렇게 오래된 뼈를 발견하는 건 드문 일입니다.

루시는 오늘날의 에티오피아 지역에 살았으며 키가 1미터 정도에 불과했습니다. 그래도 아래턱에 사랑니가 자란 것을 볼 때 어린아이는 아니었음을 알 수 있어요. 총 47개의 뼈를 찾았는데, 각각이 루시의 삶을 짐작해볼 수 있게 해주죠.

넓적다리뼈는 루시가 직립보행을 했음을 알려줍니다. 때때로 원숭이처럼 나무에 기어오르기도 했지만, 어느 순간 이 동작을 더 이상 잘하지 못했던 것 같아요. 몇 가지 점들을 종합해볼 때, 루시는 높은 곳에서 떨어져 숨진 것으로 보입니다.

루시라는 이름은 인류학자 도널드 조핸슨Donald Johanson이 화석을 수습하던 밤, 야영장에 틀어놓은 라디오에서 비틀스의 〈다이아몬드와 함께 하늘에 떠 있는 루시Lucy in the Sky with Dimonds〉라는 노래가 흘러나와서 지어졌다고 합니다.

인류의 시원始原 연구에 결정적 역할을 한 루시는, 마치 다이아몬드처럼 소중하고 귀한 존재로 다시 살아난 거지요.

참, 오늘날 루시를 아주 자랑스럽게 여기는 에티오피아인들은 국가대표 여자 축구팀 이름도 루시라고 지었답니다.

그런데 루시는 여자 이름이에요. 320만 년이나 된 오래된 화석을 보고 여성인지 남성인지 어떻게 알 수 있었을까요? 궁금하면 조금 더 알아보세요.

TASK ────────────────────────────────

1. 320만 년 전을 상상할 수 있나요? 루시의 일상을 그려보세요.

2. 너무 멀리 갔나요? 그럼 조부모님이나 다른 친척들을 인터뷰해보세요. 그분들의 어린 시절 이야기를 해달라고 부탁해보는 거예요. 당시에는 요즘과 어떻게 달랐는지 물어보세요. 또 그분들의 말을

기록해보세요.

가장 놀라웠던 점은 무엇인가요?

_____

_____

_____

_____

_____

_____

3. 화석처럼 시간의 흐름을 짐작해볼 수 있는 것들이 있을까요? 인스 타그램에 부모님과 가족의 사진을 차곡차곡 올려보세요.

4. 세계지도 한 장을 준비합니다. 아프리카, 북아메리카, 남아메리카 를 윤곽을 따라 잘라낸 다음 서로 맞닿게 해보세요. 마치 퍼즐 조각 을 맞추듯 잘 맞는 게 보일 거예요. 산맥들도 잘 보세요. 미국 북동 부의 애팔래치아산맥은 그린란드와 아일랜드를 거쳐 노르웨이까 지 이어집니다.

5. 타임캡슐을 만들어보세요. 여러분이 중요하게 여기는 물건을 안에

집어넣은 다음, 10년 뒤에 다시 꺼내볼 수 있도록 잊지 않을 만한 장소에 묻어두세요.

캡슐 안에는 무엇을 넣었나요?

_____

_____

_____

_____

_____

_____

BREAK ———————————————————— 알고 있나요?

한때는 '판게아'라는 하나의 커다란 대륙이 있었고, 먼 미래에도 새로운 판게아가 생길 거라고 합니다. 남아메리카는 북아메리카 쪽으로 움직이고, 아메리카는 북극에서 아시아와 연결되며, 호주와 아프리카도 북쪽으로 움직이는 것이죠. 그리하여 아마시아Amasia(먼 미래에 남북아메리카와 아시아를 중심으로 형성될 거라 예측되는 초대륙-옮긴이)가 만들어집니다. 하지만 그러기까지는 아직 많은 시간이 흘러야 해요. 해마다 대륙들은 몇 밀리미터씩 움직일 뿐이니까요.

하늘 너머를 보다

- 무한의 세계 -

매년 12월 31일이 되면 사람들은 로켓형 폭죽, 스파클라, 바닥 고정형 폭죽, 막대형 폭죽, 원뿔형 폭죽, 혜성 불꽃놀이 등을 삽니다. 구매에 많은 돈을 쓰고, 자정이 되면 "우와!" "아!" 같은 짧은 탄성을 지른 뒤 잠이 들죠.

폭죽 때문에 뿌옇게 된 하늘이, 온갖 폭죽을 다 합친 것보다 훨씬 더 아름다운 빛들을 가리는 것도 모른 채 말이에요.

하늘에는 700해 개의 별들이 떠 있는데, 그중 2000억 개가 우리 은하에 속하며, 폭죽 안개만 없다면 3000개는 맨눈으로 볼 수 있습니다.

별을 보기에 가장 좋은 때는 겨울밤입니다.

별들이 하늘 위를 떠도는 모습을 지켜본 적이 있나요?

별들은 동쪽에서 떠서 서쪽으로 지는데, 이는 지구가 24시간에 한 바퀴씩 자전하기 때문입니다.

또 지구는 1년 동안 태양 주위를 한 바퀴 돌기 때문에, 우리는 계절에 따라 다른 하늘을 보게 되죠.

각각의 별들을 선으로 이어 별자리를 만들어본 적이 있나요?

예를 들어 겨울 하늘에는 사냥꾼 오리온자리가 잘 보입니다. 어깨 별 두 개, 머리 별 한 개, 허리띠 별 세 개, 발 별 두 개로 연결되는 이 별자리에는 많은 전설들이 있어요.

그중 하나는 오리온자리가 또 다른 별자리인 전갈자리로부터 도망치려고, 전갈자리가 동쪽에서 떠오를 때면 서쪽으로 사라져버린다는 것이죠.

다른 하나는 토끼를 사냥하고 있다는 것인데, 오리온자리의 오른발 근처에서 토끼 귀 모양을 볼 수 있답니다.

여러분도 여러분의 별자리와 그에 관한 전설을 찾아낼 수 있어요.

아니면 그냥 앉아서 별을 바라보며, 그 무한의 세계를 느껴
봐도 좋아요.

미국의 우주 비행사 메이 제미선Mae Jemison이 지구로 돌아왔
을 때, 그녀는 딱 한 가지 조언을 사람들에게 해주었답니다.

"진심을 다해 살고, 하늘을 올려다보세요."

TASK ─────────────────────────────────

1. 불빛이 별로 없는 곳에 가서 하늘을 올려다보세요.

2. 한 달 동안 매일 달 사진을 찍어보세요. 사진을 인화해서 나란히 붙
여보세요.

3. 별 하나를 찾아 이름을 붙여보세요. 어떤 이름을 붙였나요?

_____

_____

_____

_____

별도 늙고 죽습니다. 유난히 큰 별들은 죽기 전에 붉게 부풀어 올랐다가 폭발해버리죠. 이때 발생하는 수소, 산소, 탄소, 질소와 같은 원소들은 '별 먼지stardust'가 되어 우주로 퍼져나가요. 바로 이 원소들이 우리 몸의 99퍼센트를 이룹니다. 그러니까 우리는 근본적으로 '별 먼지'와 다름없답니다.

오늘을 축하하자

- 존재한다는 것에 대하여 -

오늘 하루 동안 38만 5000명이 태어납니다.

런던에서만 9만 3000마리의 쥐가 세상에 나오며, 나무 한 그루당 약 열두 명의 사람에게 산소를 공급합니다.

독일에서는 50만 개의 달걀이 소비되고, 미국에서는 6200 건의 결혼식이 열리며, 55회의 지진과 4만 회의 뇌우가 발생 합니다.

코끼리 한 마리는 200리터에 달하는 물을 마시고, 사람들은 약 2099억 건(209,996,664,788건)의 이메일을 보내며, 구글에서는 35억 건의 검색이 이루어지고, 150종 이상의 동식물이 멸종됩니다.

중국에서는 51만 톤의 쌀을 수확하고, 독일에서는 15만 1000마리의 돼지를 도살하며, 지구는 257만 킬로미터라는 거리를 나아갑니다.

오늘만 8억 개의 오렌지가 소비되고, 82만 개의 골프공이 구매되며, 1800만 명이 생일을 맞이합니다.

우리 각자는 1.2킬로그램의 쓰레기를 만들어내고, 4만 8000개의 단어를 말하며, 열다섯 번쯤 웃습니다.

하루살이는 24시간 내에 탄생부터 죽음까지 모든 것을 경험합니다.

오늘을 좋은 날로 만들어보세요.
우리가 존재한다는 것은 좋은 삶을 살기 위한 노력, 그 자체에 있지 않을까요?

1. 이런 말이 있어요. "태양은 몇 그루의 나무와 꽃을 위해 존재하지 않는다. 그것은 온 세상의 모든 기쁨을 위해 있다." '나'라는 존재는 어떤가요?

2. 식물을 키워본 적 있나요. 어떤 식물이었나요? 그때 이야기를 적어보세요. 주위에 죽어가는 식물이 있다면 살려보세요.

3. 버리려고 했던 물건 두 가지를 재사용해보세요. 어떤 방법으로 재사용했나요?

_____

_____

_____

_____

4. 세 사람을 웃게 만들어보세요. 어떤 방법으로 성공했나요?

_____

_____

_____

_____

5. 사람들에게 인생 최고의 날이 언제였는지 물어보세요. 그들의 이야기를 아래에 적어보세요.

_____

_____

_____

6. 좋다는 건 무엇일까요? 나에게 좋은 오늘을 가져다줄 방법은 무엇인가요? 나에게 기쁨을 가져다주는 일이 상대에겐 어떤 영향을 미치는지도 생각해보세요.

_____

_____

_____

_____

사람이 진심으로 웃으면 얼굴의 두 가지 근육이 움직입니다. 큰광대근(대협골근)은 입꼬리를 올리며, 눈둘레근(안륜근)은 뺨을 올려서 눈가에 잔주름이 생기게 하죠. 이러한 진짜 웃음을 '뒤센Duchenne 미소'라고 합니다. 반대로 사진을 찍을 때처럼 인위적으로 웃을 경우에는 눈가에 주름이 생기지 않는데, 눈둘레근은 억지로 수축시킬 수 없기 때문이랍니다.

요한나 폰 리우흐, 자라 쉰들러, 페터 하크, 알리스 몰론, 프랜시스 스미스에게 감사한다. 그리고 특히 나에게 인생에 대한 많은 것을 알려준 세 딸에게 고맙게 생각한다.

공의 값은 수학적으로 250원입니다. 하지만 괄호 안의 힌트 때문에 답을 찾기가 어렵지 않았나요?

- 농부와 강

① 염소를 싣고 강을 건너가 염소를 두고 온다.

② 늑대 혹은 양배추를 싣고 건넌 후 염소를 데리고 돌아온다.

③ 염소를 내려놓고 나머지 하나(늑대, 양배추 중)를 싣고 건너간다.

④ 농부 혼자 돌아와 다시 염소를 데리고 건너간다.

- 숫자코드

937

나를 향해 웃을 수 있다면 어른이 된 거야

초판 1쇄 발행 2023년 6월 23일
초판 2쇄 발행 2024년 5월 10일

지은이 | 베레나 프리데리케 하젤
옮긴이 | 서지희

발행인 | 박재호
주간 | 김선경
편집팀 | 강혜진, 허지희
마케팅팀 | 김용범
총무팀 | 김명숙

디자인 | 석운디자인
일러스트 | 최진영
교정교열 | 고아라
종이 | 세종페이퍼
인쇄·제본 | 한영문화사

발행처 | 생각학교
출판신고 | 제25100-2011-000321호
주소 | 서울시 마포구 양화로 156(동교동) LG 팰리스 814호
전화 | 02-334-7932 **팩스** | 02-334-7933
전자우편 | 3347932@gmail.com

ISBN 979-11-91360-81-3 43190